宮位十神看八字

劉坤昱

圓方立極

「天圓地方」是傳統中國的宇宙觀，象徵天地萬物，及其背後任運自然、生生不息、無窮無盡之大道。早在魏晉南北朝時代，何晏、王弼等名士更開創了清談玄學之先河，主旨在於透過思辨及辯論以探求天地萬物之道，當時是以《老子》、《莊子》、《易經》這三部著作為主，號稱「三玄」。東晉以後因為佛學的流行，佛法便也融匯在玄學中。故知，古代玄學實在是探索人生智慧及天地萬物之道的大學問。

可惜，近代之所謂玄學，卻被誤認為只局限於「山醫卜命相」五術及民間對鬼神的迷信，故坊間便泛濫各式各樣導人迷信之玄學書籍，而原來玄學作為探索人生智慧及天地萬物之道的本質便完全被遺忘了。

有見及此，我們成立了「圓方出版社」（簡稱「圓方」）。《孟子》曰：「不以規矩、不成方圓」。所以，「圓方」的宗旨，是以「破除迷信、重人生智慧」為規，藉以撥亂反正，回復玄學作為智慧之學的光芒；以「重理性、重科學精神」為矩，希望能帶領玄學進入一個新紀元。「破除迷信、重人生智慧」即「圓而神」，「重理性、重科學精神」即「方以智」，既圓且方，故名「圓方」。

出版方面，「圓方」擬定四個系列如下：

1.「智慧經典系列」：讓經典因智慧而傳世；讓智慧因經典而普傳。

2.「生活智慧系列」：藉生活智慧，破除迷信；藉破除迷信，活出生活智慧。

3.「五術研究系列」：用理性及科學精神研究玄學；以研究玄學體驗理性、科學精神。

4.「流年運程系列」：「不離日夜尋常用，方為無上妙法門。」不帶迷信的流年運程書，能導人向善、積極樂觀、得失隨順，即是以智慧趨吉避凶之大道理。

此外，「圓方」成立了「正玄會」，藉以集結一群熱愛「破除迷信、重人生智慧」及「重理性、重科學精神」這種新玄學的有識之士，並效法古人「清談玄學」之風，藉以把玄學帶進理性及科學化的研究態度，更可廣納新的玄學研究家，集思廣益，使玄學有另一突破。

作者簡介

劉坤昰師傅，年青二十多歲時，開始研究風水、子平八字、相學、占卜……等等，師承自舊派技藝。對子平八字、龍脈風水、相學，特別專長。

一九九八年起，正式以風水術數執業，其術數文章及訪問常見於報章、雜誌、電台：

- 《新玄機》雜誌風水術數作家
- 《風水天地》雜誌風水術數作家
- 《英文虎報》「週六風水」風水術數顧問
- 香港電台「一桶金」節目訪問
- 中原地產「樓迷世界——風生水起」主筆作家

劉坤昰師傅歷年著作，包括：

- 二〇一六年《宮位十神看八字》

● 二〇一四年《八字宮位・十神・案例》
● 二〇一〇年《正見風水新案》
● 二〇〇九年《風水正知正見》
● 二〇〇六年《改善運程風水》

劉坤昰玄學服務

◎ 八字批算　◎ 面相氣色
◎ 風水勘察　◎ 占卜問事
◎ 課程教學

查詢電話：27715528
電郵：enquiry@liukunnan.com.hk
網址：www://liukunnan.com.hk

自序

很多人都說八字命理很難學，在下跟學生初遇上的時候，他們都會這樣說：當拿著一個八字盤時候，光是決定這八字是身強？身弱？從強？從弱？已經花了不少時間。就算假定這個八字盤是「從強」，於是由這個方向去展開運算，不過當推算出來的事情，與命主事實不符的話，就得馬上推翻剛才命造是「從強」的決定，又得重新考慮是身弱？還是從弱？再又重頭運算多一次。這些都是他們學習八字命理經常遇到的困難。

其實八字命學，不算是很難。只要知道八字命理的運算法則，入面包含四大基本元素，知道四大元素是甚麼，就會使你計算八字更容易和分析更加準確：

（一）宮位角色，及宮位之間的關係。
（二）會合刑沖的吉凶關係。
（三）十神性格。
（四）用神喜忌。

本書對宮位角色及宮位關係，會合刑沖的吉凶，及十神性格，俱作出詳細講解，尤其針對「會合刑沖」這課題，原來可以直接用來判斷命理之吉凶，亦無須理會八字命盤之身旺弱，亦能做出準確之推算。

在下自年青時候，開始學習八字、風水、相學、占卜等術數，迄今已逾三十多個年頭。當初花了很多金錢購買書籍，尋師訪友亦不少，可是坊間玄學術數派別實在太多，家法也各各不同，很多時真覺得頭暈眼花莫衷一是，兜兜轉轉浪費光陰，依然無甚得著，這些都是以往學藝曾經走過的苦路。

自二〇〇六丙戌年，初次撰寫術數書籍《改善運程風水》，隨後再撰《風水正知正見》（二〇〇九）、《正見風水新案》（二〇一〇）、《八字宮位·十神·案例》（二〇一四），今次再執筆，撰寫《宮位十神看八字》，一直秉承過去的理念，希望將過去多年學習，所得到的寶貴經驗公諸同好，亦希望讀者對八字命理、風水術數，能夠依據一個容易理解又能自行操作的方向去探索，使得減省浪費時間和金錢的冤枉路。

劉坤昰 謹識

二〇一六丙申年仲春書

目錄

用立體思維看八字

大家看見一個八字命盤，準備做命運推演的時候，通常習慣性的思維，便是捉取甚麼是用神，這個命盤該是身強、身弱、或是從、或不從，五行用神是甚麼？最後得到一個甚麼金、木、水、火、土的其中一個五行來，這就是選取了用神，對吧？

但是這個思維只能得到一個命盤以內的一個邏輯，可是每一個命盤的主人，他的命運是多姿多采而又複雜的，只憑一個簡單的用神，充其量只可以推算他未來每一個十年運程，是好或是不好。這樣不論作為命盤的主人，或是推算命運的人，都是難以滿足探索未來的好奇心。

八字是一個立體

看見一個八字，如果只是看到八個字粒，這只是用平面思維去看八字盤。如何想像八字是一個立體？可先參考下面的資料：

時柱	日柱	月柱	年柱
D	C	B	A
4	3	2	1

【一】四柱方法

（解釋方法詳見下文「八字宮位角色」及「會合刑沖直接判斷吉凶」）

年柱，月柱合併看

年柱，日柱合併看

年柱，時柱合併看

月柱，日柱合併看

月柱，時柱合併看

日柱，時柱合併看

年柱，日柱，時柱合併看
年柱，月柱，時柱合併看
年柱，月柱，日柱合併看
月柱，日柱，時柱合併看

【二】天干方法

（天干暫且用A、B、C、D作代名詞）

天干A，B合併看
天干A，C合併看
天干A，D合併看

天干B，C合併看

天干B，D合併看

天干C，D合併看

天干A，B，C合併看

天干B，C，D合併看

天干A，C，D合併看

天干A，B，D合併看

【三】地支方法

（地支暫且用1、2、3、4作代名詞）

地支1，2合併看

地支1，3合併看

地支1，4合併看

地支2，3合併看

地支2，4合併看

地支3，4合併看

地支1，2，3合併看
地支2，3，4合併看
地支1，3，4合併看
地支1，2，4合併看

【四】干支混合法

（天干，地支各以A、B、C、D及1、2、3、4作為代名詞）

隨便舉例：

4，A，D合併看

B，D合併看

1，D合併看

D，2，3，4合併看

A，2合併看

A，B，C，2合併看

這個方法的思路，把各個天干及地支，看待成為一個獨立的基因元素，再把基因元素以點、線、面，去自由串連在一起。如是一來，各式各樣的串連，便是一個架構複雜的立體小宇宙。

即是任何一個基因，都有機會與其他基因，隨其機緣互相配搭，從而產生一個又一個新邏輯，如是之引申，就會發生各式各種的變化。再配合八字運算基礎的四大元素：宮位角色、十神性格、會合刑沖之吉凶、用神喜忌；人生的千變萬化，亦與這些變化息息相關。

換一句話來說，從以上之四種方法所衍生的任何一個變化，就是一個個的命理邏輯，只要混入四大元素，每一個變化之邏輯，就會成為一條條獨立命理批章。

經過這些方法，要去解釋命盤，便可以很清晰很容易去理解出來，六親人物，性格行為，內心世界，運程吉凶，人際關係，身體健康好壞的推算，便會變成容易的事情。

至於計算大運之運程吉凶，亦是運用上述方法，如此類推。

運算基礎

入手切記

讀者如欲在八字命理學當中，能夠容易掌握推算的效果，及清晰的吉凶準則，必須切記以下數點開始事項，往後在運算命盤時，就會減少很多盲點，推算八字盤時就能夠得心應手，再看任何八字命盤，也不會墮入迷宮，茫茫然不知吉凶了。

【一】子時問題

子時這個問題，自從清末民初，八字命學家各有各說法，有分早子時、夜子時，各派觀點角度也人人不同。但是按照古典命理源流，情況是這樣的：子時乃一日之中，十二個時辰的開始，所以子時是開始，不是結尾。還有一點很重要，就是子時換日這個事情。實際運用舉例如下：

例一：某人於二〇一一年二月十八日・零時（即是晚上十二時）五分出生

查核萬年曆，當日乃甲辰日，而時辰介乎晚上十一點到翌日，這個子時，由於在西方曆法，已經是二月十八日的開始，故此乃甲辰日、甲子時出生。

例二：某人於二〇一一年二月十八日・晚上十一時三十分出生

二月十八日亦是甲辰日，按照西曆未到凌晨零時，依然是十八日。不過依農曆計算，已經進入了子時，亦即新一天的開始，那麼出生的日柱便成為乙巳日，並不是甲辰日。

至於乙巳日的子時出生，時柱排出來就是丙子時了。

若果讀者對於子時的命盤常常摸不著頭腦，現在會明白更多吧！

【二】出生地時區問題

近代命學，有說要把不同國家地區出生命造，調換成中州時間來看命盤，或是換算成中國標準時間來看命盤。在下是這樣看待此問題：

命理學術，無論子平八字、紫微斗數、西洋星座，其理同出一轍，發展卻殊途。皆因子平八字由曆法中來，曆法卻由七政四餘等天文學問而來，所謂天文者：太陽、月亮、金星、木星、水星、火星、土星、天王星、海王星、冥王星、羅睺、計都……等星，與及黃道十二宮，即是十二星座互相牽連，而演化命理學。既明此義，就知基本天、地、人三界了。

天者天文也，地者就是地球，人就是人類。而眾多天星對人類影響最重要者，就是太陽，因為自古至今，人類永遠依循太陽之升沉，作為每一天的活動指標。所以不同時地出生的人，要排出命盤有兩個方法：

(1) 直接用當地政府所發佈的時間作為標準，直接代入萬年曆，便可以求取到四柱八字命盤了。

(2) 用當地時間，再換成真太陽時間排盤亦可。

【三】中國各省時區

中國自清末民初時期，西洋地理觀念逐漸普及，引入西方標準時區計算時間方法。中國土地幅員廣闊，自最東之東北黑龍江省起，西達新疆省止，即是由東經七十五度，一直橫跨至東經一百三十五度。前後經度相差六十度，以每十五度為一個小時之差別，即是共有四個時區分佈在中國境內。

約自一九四九年建國後，因為行政方便，須佈全國統一時間制度。舉例說如在北京市現在是早上八時正，則全國任何一省其時鐘亦為早上八時正，所以讀者排列命盤時，須因個別省份出生之人士調整時間如下：

(1) 陝西、四川、雲南、貴州、廣西、甘肅東、青海東。這些地區出生的命盤，建議將出生時間減一個小時來計算出生時辰。

(2) 青海西、西藏中部、新疆東部、甘肅西部。這些地區出生的命盤，建議將出生時間減兩個小時來計算出生時辰。

(3) 新疆西部、西藏西埵。這些地區出生的命盤，建議將出生時間減三個小時來計算出生時辰。

其餘地區出生的人，仍可用當地時間作出生時辰推算。

讀者亦可參考《宅運新案》一書之「中國時區分佈圖」，作更詳細參考。

【四】定格局看提綱

提綱，即是月令地支，又即是西洋占星算命所提及之太陽星座。

古本命理書籍《子平真詮》，以月令提綱為主，作為任何命盤看法的入手門户，並非取中庸之道。坊間亦有另外家法，在八個字元之中捉一個二個字出來，叫做取用神。亦有別家取《窮通寶鑑》，依個人命造出生之季節，按氣候冷暖取調候平衡。現在坊間最流行一種家法，按五行生剋，取身旺身弱作看命得失之方法。

究竟以哪一種方法看命頭，是為最好的方法並不重要，最重要乃係如何看待月令干支——提綱這個觀念。

第一點：上文提到月令即是太陽星座，子平八字按日柱天干的五行，與月令地支的五行及陰陽，作出一個相對的比較之後，就會得出一個十神來。十神者：正官、七殺、正印、偏印、傷官、食神、正財、偏財、比肩、劫財。首先要注意，任何一個十神，它本身都帶有一堆各自的十神性格，從而影響命主先天及後天的性格發展、行為心態、人際與及六親關係好壞，其中一部份，乃係由十神性格混合而來。

第二點：月令地支所顯示的任何一個十神，就是自己的格局，這個與西洋占星的觀念不謀而合，而又與紫微斗數看命宮自我部份異曲同工。

第三點：八字命盤中，除了日柱天干之外，其餘三個天干、四個地支，各自帶出不一樣或相同的十神。但是月令地支所帶出的十神，有點與別不同，以它作為中心點，與其他的十神作為互相比較之後，其餘的十神，就因為這種比較造成了「用神」、「忌神」和「閒神」三種完全不同吉凶尺度的指標了。

會合刑沖直接判斷吉凶

八字天干及地支結構上分別有不同形式，分別是：會、合、刑、沖、破、害。

這些簡稱「會合刑沖」的法則，原來已經可以幫助八字學人，在批算命盤的時候，直接運用作為批算的工具。因為：

- 但凡：會、合，即是和合的意思，它是帶有吉象徵兆。
- 但凡：刑、沖、破、害，即是具有破壞、磨擦、傷害的意思，是不吉利徵兆。

前輩吳師青所著《天運占星學》，就是擅長以太陽、月亮及九大行星，以每一個星辰在所據十二地支宮位上，參考其他與本宮地支有刑沖傷害角度之星辰，從而準確推算未來所發生之事情。

占星學推算的原理，正是與八字的會合刑沖不謀而合。單是運用這個會合刑沖的法則，已經可以幫助學者，更能直接去拆解八字命盤的每一個細節，有如庖丁解牛游刃有餘。

天干吉凶

十天干者，甲、乙、丙、丁、戊、己、庚、辛、壬、癸。本來十個天干各自平平無奇，微妙之處，天干除了帶各自十神之吉凶性質以外，其自身亦因為合、沖而演繹出一個獨立的吉凶關係。

相合者

甲己合

乙庚合

丙辛合

丁壬合

戊癸合

天干本來有好幾個象徵，是男性、是長輩、長幼序中年紀較長之人，又或是不同事情之中的管事人。

但是最重要者，天干是人與人關係之表現，凡天干有相合的配對，代表該部份之六親人際關係或是感情良好。

又例：（橫看）

甲　己　甲
　合　合

這種一個己字被左右兩個甲字相合的情況，坊間有些家法稱作爭合或妒合。在實際人生情況去看，反而是代表其人有兩個部份的六親人緣，關係很不錯，甚至左右逢源，這個是一個吉象，實況與坊間書本裏所判之現象南轅北轍。

相沖者

甲庚沖
乙辛沖
丙壬沖
丁癸沖
戊己不沖

凡天干相沖，代表該六親關係內部出現問題，情況有好幾種可能：

(1) 該部份宮位之六親關係，出現好壞無定、關係時好時劣之變化。

(2) 該部份之六親關係先好後壞。

(3) 該部份之六親關係良好，但是聚少離多，異地生活。

(4) 若果六親關係牽涉到父母的話，輕者發生代溝問題，中者單親家庭生活，嚴重者父母離散。

【不沖不合】

其餘天干之關係，假若不出現合象，又沒有相沖，則只需用十神喜忌吉凶，便可看出該宮干之六親緣份或助力多寡的吉凶概略。

【邏輯補充】

各位只要將十神吉凶喜忌，配合以上之相合相沖，混合其變化，便可得出四個基本邏輯組合，簡略説明如下：

例如十神之中，父親位月令天干是用神：

(1) 日干與月干相合：父親是有能力之人，他與命主關係很好。

(2) 日干與月干相沖：父親是有能力之人，但很少機會與命主溝通相處，又或自成長以來，與父親關係不太好，總之壞情況不一而足。

又例如十神之中，父親位月令天干是忌神：

(3) 日干與月干相合：命主的父親是能力普通的人，或是父親富有但疏於管教命主。命主出身於普通甚至環境不好的家庭，但是命主與父親感情深厚，無所不談。

(4) 日干與月干相沖：命主的父親能力普通，甚至因為相沖，與父親的關係差，往往產生家庭矛盾，甚至六親緣薄的事情。

地支吉組

十二地支者：

子、丑、寅、卯、辰、巳、午、未、申、酉、戌、亥。

【相合者吉】

（一）三合局

寅午戌合火

巳酉丑合金

亥卯未合木

申子辰合水

十二地支的合象，三合局有四組，分別是寅午戌合、巳酉丑合、亥卯未合、申子辰合。

十天干所掌管的是人緣，十二地支所掌管既是人緣，亦包含機緣在內。

凡命盤出現三合局，是良好機緣出現之徵兆。例如未有姻緣者，夫妻宮有三合現象，主應緣份到；與事業宮有合象，主應得老闆賞識，升職加薪，前途一片光明。

還有一事，若命盤早已出現三合局者，代表地支之中，有三個不同宮位相合，其吉力頗大，是表示其人在三個不同部份的人緣、機緣層面甚是吃得開，廣結善緣之象徵。

至於由大運之中的其他地支，與命盤的兩個地支組成一個十年三合局，其吉力亦大，唯是十年一個好運，過後還須看往後之大運能否保持。

（二）不完整之三合局亦吉

假若寅午戌三個地支，只有寅午二字，又或午戌二字，或寅戌二字。這些不完整之三合局，其實亦有一個吉象在內，只是其力度比完整的三合局減少了。若果在四柱地支出現半個不完整，其力也吉。若然純以大運之中的地支，與命主四柱的其中一個地支，出現此等不完整的一個組合，亦是一個吉力。

（三）三會局吉

寅卯辰合木
巳午未合火
亥子丑合水
申酉戌合金

三會局與三合局之吉度，情況有點不一樣，它一定要在命盤上見到三字齊全，或者命盤加大運合併，出現三字齊全，才作吉論。若果以流年加命盤出現三字整全，亦會出現一年之吉。

（四）六合吉

我們先看看十二地支四方圖：

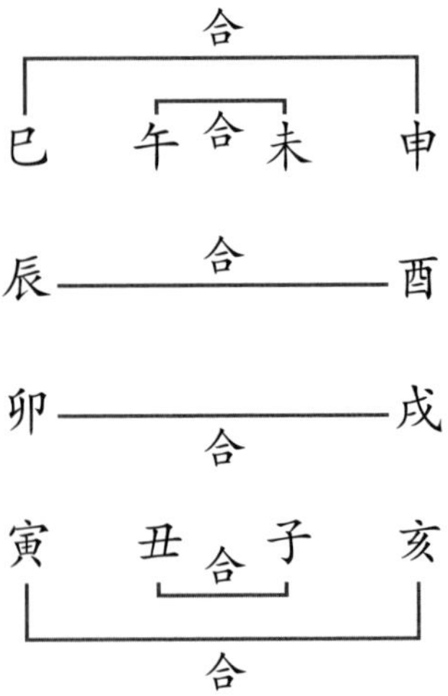

午未合火
巳申合水
辰酉合金
卯戌合火
寅亥合木
子丑合土

六合有六個組合，它與之前其他合象，作吉兆看，當然在命盤四柱當中，有地支六合，是一件好事，代表兩個宮位之間的和諧，機緣容易把握，人事和順，緣份深厚。

假若其人四柱命盤當中，支無六合，更無其他之合，則要待到大運之中，與命盤地支出現六合，才可判吉象，或是運程暢順。

◇命造舉例一．香港首位土生土長將軍——何世禮

（資料來源：《香港將軍何世禮》一書）

何世禮將軍生於一九〇六年新曆五月十五日，其三柱結構如下：

年柱	丙午
月柱	癸巳
日柱	己未

合火

何將軍己土日元，年月日三個地支緊合一個三會吉局，除月上癸水半忌之外，代表父親管制不了他，亦對其成長寬鬆處理，而且甚少父子聚首閒話家常，其父何東有個怪習慣，子女如欲與父親溝通，不能直接

面對面，要把事情寫在便條上，交到父親書房案上的。但是何將軍生於大富貴之家，年月日三合巳午未火局，顯赫之極。何世禮在一九五九年軍階最高，官至陸軍二級上將。

◇命造舉例二．香港一代船王許氏家族之男孫命造

男孩生於二〇一一年新曆二月八日凌晨三時，其四柱結構為：

時柱	日柱	月柱	年柱
丙	甲	庚	辛
寅	午	寅	卯

年柱	月柱	日柱	時柱
辛卯	庚寅	甲午	丙寅

此命男童出生時，祖父母仍然健在，家勢可用貴族顯赫來形容，父母俱是城中名人。年柱時柱丙辛合，代表其人深得祖父母之疼愛，視如掌中寶玉。地支兩合寅午，乃孝順仔一名，將來社交朋友，盡是精英才俊，可為社會棟樑。

地支凶組

十二地支除了有三會局、三合局、六合、半合等等關係之外，十二地支亦各自有六沖、六害、三刑、雙刑與及自刑。這些刑、沖、害，若然一早佈置在先天四柱八字盤之內，其中邏輯意義，包含了六親緣份各種形式之缺失，個人性格行為上亦會有很多不足之處，運程發展每每強差人意，或是機遇白白流失。這些都是幫助探討命運之工具及方法。

（一）六沖

六沖的基本性質，是變動、改變的意思，及新舊事物更替，環境改變之謂。六沖性質多凶少吉，要判定吉凶，請參考以下細節：

子午（互沖）
卯酉（互沖）
寅申（互沖）
巳亥（互沖）
丑未（互沖）
辰戌（互沖）

以上十二個地支，基本上稱為六沖的組合。六沖當中的子午沖、卯酉沖、寅申沖與巳亥沖這四個部份，是先天五行上的水火對沖與金木對沖的現象。

命盤四柱有相沖可以理解為人事的變動，人與人關係的聚散，即是古代所謂的六親緣份生離死別之類。於事情而言，可以理解為事情之改變、環境改變，即驛馬運程。但切記由於這四組乃金木水火之變，其相沖會有大成大敗、重大改變之情況。

至於辰戌沖與丑未沖，兩個部份與先前的相沖有點不一樣。辰戌沖是兩陽土相沖；丑未沖是兩陰土相沖。若再以十神論，辰戌兩土中的主氣是戊土，丑未兩土的主氣是己土。所以辰戌沖與丑未沖的情況，效果跟先前四組相沖就未必一樣效果了。若相沖出現先天四柱，就會產生人際六親緣份矛盾，行為舉止言語頂撞，對內緣份離合無定，脾氣情緒常變無定。對事情前途可以視作好壞同到，好運不能一貫到底，中途常有變幻無定之現象。

補充六沖：當六沖組合出現在自身命盤，或是命盤併合大運流年同參時，亦總會有相沖情況出現。此時若果再代入十神吉凶同時觀察推算，其邏輯組合會有多姿多采之變化：

- 喜神沖喜神：沖本主壞事，或一個動象，但喜神相沖，主應有好事，亦有壞事。
- 喜神沖忌神：本來有一件不好的事情，但喜神為主動，仍然有好事壞事兩參之情況。
- 忌神沖喜神：本來好端端的事，突然生變。

● 忌神沖忌神：情況本已不好了，屋漏更兼連夜雨，命運能有多好呢？

六沖組合，若由大運沖入命盤而言，見沖一柱，情況有吉有凶，不一而定。但是若果大運沖入命盤，凡見連沖兩柱、三柱，甚至四柱被沖，情況又不一樣了：凡沖三柱以上，凶險較大，輕者頭頭碰著黑，重者多病，或事情多變至難以想像，更嚴重者可致傷身或意外。

就算喜神來沖，也會遇到很多事情改變至面目全非，才得利益，成敗不一之象也。當然忌神來沖，更要小心小心。

（二）六害

地支方圖　六害組合

申	未	午	巳
酉			辰
戌			卯
亥	子	丑	寅

地支六害組合，以方圖來看，十分容易記憶，它純用直線宮位上

下相害，其組合為：申亥害、酉戌害、子未害、午丑害、巳寅害、卯辰害。

坊間很少書本提及六害，很多時對六害都不以為意。六害若放入六親時，則演成命主難與六親融洽相處。放入事情時，人事方面有暗地角力、互相傾軋。用另外一個角度看六害，也有事情阻滯、遇事有心無力、有力無心、被人指背出責、好心做壞事之類。

（三）三刑、相刑、自刑、六破

(1) 三刑組合

寅巳申（三刑）

丑未戌（三刑）

(2) 相刑組合

申刑寅　寅刑巳　巳刑申

戌刑未　未刑丑　丑刑戌

子刑卯　卯刑子

(3) 自刑組合

辰與辰自刑　午與午自刑

酉與酉自刑　亥與亥自刑

(4) 六破組合

子酉破　午卯破　申巳破

寅亥破　辰丑破　戌未破

初學命理的人士，看見以上表列的資料，好像沒有甚麼系統，但以另一個角度和方法看待，則十分容易記憶和明白「刑」這個原理是甚麼了。

先看一個十二地支的順時針圓圖。

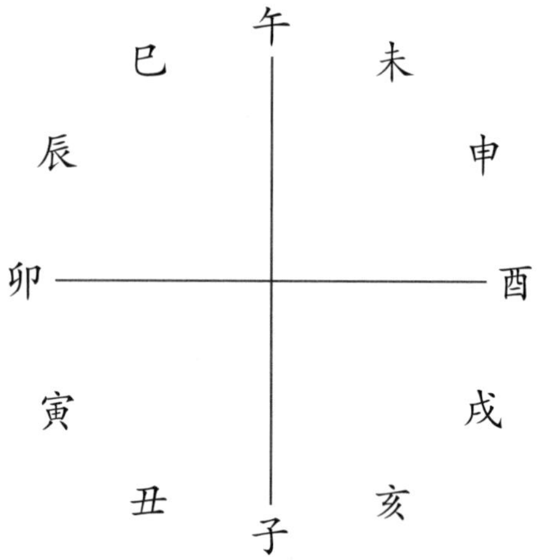

再用三會局四組直寫橫讀法，將十二地支重新排列一次：

寅午戌合火
申子辰合水
巳酉丑合金
亥卯未合木

當列好之後，每行橫排便會出現另外三組數據：首先寅申巳亥為第一組，又稱為四馬地。其次子午卯酉為第二組，別稱四桃花，但算命時看見人家命盤中四字多現，千萬別以為人家一定是感情泛濫、情慾濫交之人，實情是很多命例都不是這樣的。最後一組是辰戌丑未，又稱四庫之地。

當我們用任何一組數據對照圓圖作覆核時，便發現這三組地支：例如子午卯酉，在圓圖上，四字互成四方形狀，換言之依次序看，子與卯成九十度角；卯與午、午與酉、酉與子，均是九十度角的關係，這樣看來便簡單得多。

原來中西古典天文占星學術數，皆以九十度角所見之星體為凶角。故此破害刑沖大致以此為依歸，以下便是重新認識「刑」這個法則了。

(5) 子午卯酉，這組數據在命主的四柱盤中交替多見的話，就是刑了，兩字見之是刑，三字見之就是三刑，四字見之為更刑。

(6) 辰戌丑未這四個字，命盤中多見，與子午卯酉的「刑」，效果是相同的，總而言之，就是出現了刑。

(7) 寅申巳亥出現在命盤，這四字的組合，有例外的事件，首先巳申與寅亥兩對，是六合的效果，合的吉力比刑的大，故此不作刑看。故此餘下寅巳刑、寅巳申三刑、申亥害（或刑亦可）。

(8) 最後一條規章要注意者，乃是自刑。過去書本只列簡單範例，午午自刑、酉酉自刑、辰辰自刑、亥亥自刑，但是運用到實際命例，原來任何地支都可以自刑，即是子子自刑、未未自刑，甚至寅寅寅三個出現，或卯卯卯卯四字同現盤上都有自刑的效果，其他地支如此類推便是。

明白了刑的組合，那麼刑是甚麼？刑在命理上是令到命主一切六親、人事關係，常常出現緊張、不安、不和諧、無凝聚力、關係磨擦，以至正面衝突，看待事情亦有不完滿之情況發生，一切皆由「刑」這個黑暗力量背後作祟。

八字宮位角色

子平八字命理，基礎由年月日時四組干支，合共八個字元組成，但原來四柱八字盤內每一個字元，都隱含了不同的意義。天干與天干的關係，各個不同；地支與地支之間的關係亦錯綜複雜。

年柱

(1) 年柱代表命主的祖父母宮，一般情況下，干為陽，支為陰。

(2) 亦是沒有血緣關係的長輩的看法。

(3) 任何命造，先天福氣高低厚薄，皆可以用神或是忌神入年柱而評定。

(4) 往後任何一柱大運看衣祿運程的參考。

(5) 先天福德宮之代表，它亦會干擾其他宮位的人與事之升降浮沉。

(6) 年柱亦是個人先天性格的第一個部份。

月柱

(1) 月柱是父母宮象徵，普通看法干為父，支為母。

(2) 月柱與年柱天干地支合併同參，乃先天與長輩、祖父母輩緣份關係好壞之兆，甚至是先天事業衣祿厚薄之重要參考。

(3) 於每一個命主由兒童至成年階段，看學業成績之宮位。

(4) 亦是校長、老師與命主個人關係好壞。

(5) 踏足社會後，月柱作事業宮看，與升職、掌握權力有關。

(6) 與上司老闆關係好壞，亦看月柱。

(7) 父母對於命主身教、性格之代表。

日柱

(1) 日柱天干，代表命主本人，坐下地支，男命看妻，女命看夫。

(2) 日柱與年柱合併看，尤其兩個地支相互比較，混合用神起忌，及會合刑沖，則內裏蘊含命主先天姻緣機遇之數據在內。

(3) 日柱月柱合併看，乃成長時期，與父母家庭關係相處之參考。

◇案例：某富人兒子命造（二〇〇九年四月二十六日生）

年	月	日
己丑	戊辰	辛丑
7	17	27
丁卯	丙寅	乙丑

男命年支丑，刑傷月支辰，月支辰又再刑傷日支丑，交互刑傷，本來命造內所有土星皆為用神（後面的篇章會有解釋），惜刑傷疊疊，未交丁卯忌神運，已在流年辛卯，父母仳離，將來就算與父母雙方保持聯繫，亦已變相在單親家庭長大，六親緣份如此，奈何。

補充：若此命造時辰有救，可以演化成較輕之六親緣薄表現——理解為自小到成長期，與父母產生代溝，容易激生磨擦之象。

(4) 日柱干支，乃命主自我認同性格之表現。

(5) 個人辨事能力強弱，判斷力好壞，內心世界喜好之參考。

時柱

(1) 時柱干支，乃兒女宮之表徵。但切記不可用以計算兒女數目多寡，因為兒女數目，由個人或國家政策決定，絕非單看八字命盤可以決定。

(2) 凡置業買房子，可看時柱。

(3) 兄弟姊妹關係緣份好壞由此看。

(4) 社交宮位，人際關係之處理。

(5) 下屬、朋友、學生、徒弟亦繫此宮。

(6) 時柱與日柱合併：

- 代表命主成年結婚後，夫妻感情生活情況。
- 代表命主往後一切社交人際之具體表現。

(7) 時柱與月柱合併同看，乃命主後天對事業發展成敗之重要參考。

(8) 時柱與年柱合併同看，乃福德宮之增減，命運中有否隱伏助緣的長者朋友，或傷害自身的朋友。亦可用另一角度討論，皆因子女、朋友、兄弟皆入時柱，則可以看成先天注定關係好壞，經過日時合併，反觀成往後命途重新發展之關係又如何。

(9) 個人性格之最後演繹，亦是個人行為之表現。

(10) 命運在晚年時期運程如何之暗示，包括夫妻、財、子、祿、自身健康等等，亦結局篇也。

十神易排表

先準備一個生日命造，排出四柱八字，與及大運列表之後，亦要排列出一組很重要的參考數據，就是十神了。

雖然現在電子科技很普及，筆記簿電腦、平板電腦及手機，都有排列命理功能，但亦可能有毛病。

為方便用萬年曆起列命盤的朋友，以下是一個容易看得明白查十神的列表：

補充：

(1) 這個十神易排表，除了幫助大家找出八字盤內所有十神以外，另外，在月令地支之中所顯示之十神，即是該個命盤之正確格局。

(2) 地支內之藏干，一般有一個至三個不等，但通常只計算第一個主氣藏干，其他之餘氣藏干則不用計算十神。

例如：寅，內藏甲丙戊，只需計算主氣甲是甚麼十神，丙、戊不需計算。

十個日柱天干，與各干支十神關係表

甲日生人

天干	十神	符號
甲	比肩	比
乙	劫財	劫
丙	食神	食
丁	傷官	傷
戊	偏財	才
己	正財	財
庚	七殺	殺
辛	正官	官
壬	偏印	卩
癸	正印	印

地支	十神	符號
子	正印	印
丑	正財	財
寅	比肩	比
卯	劫財	劫
辰	偏財	才
巳	食神	食
午	傷官	傷
未	正財	財
申	七殺	殺
酉	正官	官
戌	偏財	才
亥	偏印	卩

乙日生人

天干	十神	符號
甲	劫財	劫
乙	比肩	比
丙	傷官	傷
丁	食神	食
戊	正財	財
己	偏財	才
庚	正官	官
辛	七殺	殺
壬	正印	印
癸	偏印	卩

地支	十神	符號
子	偏印	卩
丑	偏財	才
寅	劫財	劫
卯	比肩	比
辰	正財	財
巳	傷官	傷
午	食神	食
未	偏財	才
申	正官	官
酉	七殺	殺
戌	正財	財
亥	正印	印

丙日生人

天干	十神	符號
甲	偏印	卩
乙	正印	印
丙	比肩	比
丁	劫財	劫
戊	食神	食
己	傷官	傷
庚	偏財	才
辛	正財	財
壬	七殺	殺
癸	正官	官

地支	十神	符號
子	正官	官
丑	傷官	傷
寅	偏印	卩
卯	正印	印
辰	食神	食
巳	比肩	比
午	劫財	劫
未	傷官	傷
申	偏財	才
酉	正財	財
戌	食神	食
亥	七殺	殺

丁日生人

天干	十神	符號
甲	正印	印
乙	偏印	⺋
丙	劫財	劫
丁	比肩	比
戊	傷官	傷
己	食神	食
庚	正財	財
辛	偏財	才
壬	正官	官
癸	七殺	殺

地支	十神	符號
子	七殺	殺
丑	食神	食
寅	正印	印
卯	偏印	⺋
辰	傷官	傷
巳	劫財	劫
午	比肩	比
未	食神	食
申	正財	財
酉	偏財	才
戌	傷官	傷
亥	正官	官

戊日生人

天干	十神	符號
甲	七殺	殺
乙	正官	官
丙	偏印	卩
丁	正印	印
戊	比肩	比
己	劫財	劫
庚	食神	食
辛	傷官	傷
壬	偏財	才
癸	正財	財

地支	十神	符號
子	正財	財
丑	劫財	劫
寅	七殺	殺
卯	正官	官
辰	比肩	比
巳	偏印	卩
午	正印	印
未	劫財	劫
申	食神	食
酉	傷官	傷
戌	比肩	比
亥	偏財	才

己日生人

天干	十神	符號
甲	正官	官
乙	七殺	殺
丙	正印	印
丁	偏印	卩
戊	劫財	劫
己	比肩	比
庚	傷官	傷
辛	食神	食
壬	正財	財
癸	偏財	才

地支	十神	符號
子	偏財	才
丑	比肩	比
寅	正官	官
卯	七殺	殺
辰	劫財	劫
巳	正印	印
午	偏印	卩
未	比肩	比
申	傷官	傷
酉	食神	食
戌	劫財	劫
亥	正財	財

庚日生人

天干	十神	符號
甲	偏財	才
乙	正財	財
丙	七殺	殺
丁	正官	官
戊	偏印	⼙
己	正印	印
庚	比肩	比
辛	劫財	劫
壬	食神	食
癸	傷官	傷

地支	十神	符號
子	傷官	傷
丑	正印	印
寅	偏財	才
卯	正財	財
辰	偏印	⼙
巳	七殺	殺
午	正官	官
未	正印	印
申	比肩	比
酉	劫財	劫
戌	偏印	⼙
亥	食神	食

辛日生人

天干	十神	符號
甲	正財	財
乙	偏財	才
丙	正官	官
丁	七殺	殺
戊	正印	印
己	偏印	卩
庚	劫財	劫
辛	比肩	比
壬	傷官	傷
癸	食神	食

地支	十神	符號
子	食神	食
丑	偏印	卩
寅	正財	財
卯	偏財	才
辰	正印	印
巳	正官	官
午	七殺	殺
未	偏印	卩
申	劫財	劫
酉	比肩	比
戌	正印	印
亥	傷官	傷

壬日生人

天干	十神	符號
甲	食神	食
乙	傷官	傷
丙	偏財	才
丁	正財	財
戊	七殺	殺
己	正官	官
庚	偏印	卩
辛	正印	印
壬	比肩	比
癸	劫財	劫

地支	十神	符號
子	劫財	劫
丑	正官	官
寅	食神	食
卯	傷官	傷
辰	七殺	殺
巳	偏財	才
午	正財	財
未	正官	官
申	偏印	卩
酉	正印	印
戌	七殺	殺
亥	比肩	比

癸日生人

天干	十神	符號
甲	傷官	傷
乙	食神	食
丙	正財	財
丁	偏財	才
戊	正官	官
己	七殺	殺
庚	正印	印
辛	偏印	卩
壬	劫財	劫
癸	比肩	比

地支	十神	符號
子	比肩	比
丑	七殺	殺
寅	傷官	傷
卯	食神	食
辰	正官	官
巳	正財	財
午	偏財	才
未	七殺	殺
申	正印	印
酉	偏印	卩
戌	正官	官
亥	劫財	劫

不同天干出生的人，按照上述查十神表，便可快捷找出命盤其餘七個字所配十神。

男女命看姻緣之方法

推算姻緣，是很多人重視的問題。男女雙方的姻緣各式各樣，離離合合、痴男怨女、配偶中途離世、在愛情苦海中尋尋覓覓、家庭暴力、感情叛變、多角戀愛，這一切都是命理推算中很重要的事情。

本篇乃推算如何知道姻緣出現的機會，首先要弄清一個觀念，有姻緣即表示有異性緣出現，絕不等同結婚。因為現代社會結婚都花費不菲，在在需財，因此現在男女緣份結合，只論機緣是否出現，和能否成功維持下去。至於何時能夠結婚，基本視乎運程好壞，運好就有餘錢，可以成功步入另一個人生階段，一切大致如此。

看姻緣以日柱的天干地支為基本，干支各有作用，方法如下：

【一】日柱天干相合

天干有五組相合，甲與己合、乙與庚合、丙與辛合、丁與壬合、戊與癸合。

甲己合
乙庚合
丙辛合
丁壬合
戊癸合

舉例：有人的出生八字盤，不論男女，其日柱天干是「癸」字，則其在有「戊」字的大運，或是「戊」字天干的流年，會容易與異性相處，或碰上發展機會。

【二】日柱地支三合、六合

三合

巳酉丑合

寅午戌合

亥卯未合

申子辰合

六合

子丑合

寅亥合

卯戌合
辰酉合
巳申合
午未合

根據上列地支三合及地支六合的資料，看姻緣出現的機會是：假設某人出生日柱是辛卯日，卯日的三合局，與「亥」「未」同組；六合則與「戌」同組。因此，要推算這個辛卯日柱的命主姻緣出現的機會，只要參考「亥」「未」「戌」三個地支，這三個地支只要在流年出現，或者在大運中出現，這個人有姻緣的機會就很大了。

【三】日柱地支藏干

日柱地支	干藏（主氣）
子	癸
丑	己
寅	甲
卯	乙
辰	戊
巳	丙
午	丁
未	己
申	庚
酉	辛
戌	戊
亥	壬

這個亦是值得參考的方法。

假設某人是甲辰日出生，其地支是辰，是「戊」、「乙」、「癸」。但這個方法只討論主氣，「辰」的主氣是「戊」，其餘俱不論。

故此這個甲辰日出生的人，只要碰上「戊子」、「戊寅」、「戊辰」、「戊午」、「戊申」、「戊戌」的大運或是流年，都會容易碰上特別合眼緣的異性，至於能否把握，還要參看命局裏其他因素。

【四】日柱地支構成有效的三會局

寅卯辰會

申酉戌會

巳午未會

亥子丑會

何謂有效的三會局，條件是命局日柱地支，加入年柱、月柱或時柱任何一個地支，再加上流年或者大運的一個地支，剛好湊成一個完整的三會局，這個姻緣機會是很有效的。

例一：

時	日	月	年
X	X	X	X
X	申	酉	X

某人的日柱地支是申，月柱地支是酉，那麼此人在「戌」的大運，或者狗年（戌年）的時候，便齊全了申酉戌一個會局了，因此於戌年或戌運，特別容易結交異性。

例二：

時	日	月	年
X	X	X	X
酉	X	戌	X

某人月柱地支有「戌」字，時柱地支有「酉」字，剛好大運亦有一個「申」運，表面上是申戌酉三會齊全，實際上由於與日柱完全無關，這個局就影響不到異性姻緣的機會了。

【五】七殺出現亦是桃花異性緣份

日柱天干	地支七殺	天干七殺
甲	申	庚
乙	酉	辛
丙	亥	壬
丁	子	癸
戊	寅	甲
己	卯	乙
庚	巳	丙
辛	午	丁
壬	辰、戌	戊
癸	丑、未	己

上圖所列以男女日柱而計算，所得出之七殺星在地支或天干，只要運柱或流年的干支出現，都是異性緣份象徵。

不過由於在十神吉凶當中，七殺會因應命主不同命格，而化成吉神或忌神，各個不同。故此在忌神時，作不正桃花看；在喜神時可作良緣美眷，一切要詳細推斷方可定論。

補充：坊間八字書本，有云男命姻緣看「正財」、「偏財」；女命姻緣看「正官」、「七殺」。但是這方法並非百分百靈驗，除了「七殺」一星例外，很多時候，若果男命以「正財」、「偏財」為忌神時，異性緣十分容易打折扣，例如碰上心儀異性，可能追求時常吃悶棍，或是一兩次約會便無疾而終；更甚是遇上異性，還未得知對方名字或聯絡方法，玉人已消失了。所以坊間這個方法，還要經過用神及忌神一關考核，方能作準。

【六】桃花亦可種姻緣

八字命理有一顆神煞——桃花。「桃花」這名詞看起來亦正亦邪，若是男命或女命，姻緣狀況還是獨身、未曾有對象出現的話，這時候桃花就變成一個很好的神煞，對命主而言是有利異性緣份。

日柱地支	桃花位
亥	子
卯	
未	
巳	午
酉	
丑	
寅	卯
午	
戌	
申	酉
子	
辰	

桃花的用法是這樣的：假設某人不論男性或女性，出生日柱是辛丑日，根據桃花表，丑日出生納入巳酉丑的組合，其桃花位在「午」。

若然這人的大運中，適逢有一個「午」運，這人在十年運程內就容易碰上異性緣了。

若然在十二生肖循環，其人碰上「午」年（即馬年）的話，該年的異性緣份亦會大增。

補充：桃花位若在四柱八字命盤中出現，其人天生異性緣份特別旺盛，例如桃花出現在時辰地支，又或出現在年柱地支，兩種情況都會有此現象發生。

若果某人已有配偶或固定男女朋友，如碰上桃花神煞，尤其在十年運柱中，絕非好事。桃花星入命，要是命主動了心，獲得桃花即是身邊又多了一個異性，會變成先行桃花運，後變桃花煞，運程很差。

十神性格

人人性格不同，由生下來那天，性格已經是存在於基因之內。俗語亦謂性格這件事情，會是「三歲定八十」。很多算命前輩亦常言，性格影響命運，命運影響性格。所以八字學人，只顧學習運算八字吉凶，而忽略八字之內十神的性格，肯定會十分吃虧！

八字算命學理入面，其實很重視十神性格，別小看每一個十神所附帶的性情，一來它可以輔助印證八字命盤的真確性，二來亦能幫助往後的運算。

一個具有良好性格的人，若然踏入運程阻滯的時候，其人會容易安穩過度，縱使運程不好，也不致大敗收場，因為不會胡作非為，令到他的運程雪上加霜。相反地，假若某人命造，具有可以發達的基因，但是性格貪財好色，急功近利吃裏扒外，四處與人種下禍根，就算好運降臨飛黃騰達，後面只會得到好運不能長久，或是一朝失敗，甚至永不翻身的痛苦，這種命好性格不好的命局，斯有何益？

所以每一個命盤，必須儘量探索其性格行為，由評估性格這一個環節，會很容易就發現命盤內問題所在，原來優良和順的性格，令人容易成功；惡劣的言行舉止，往往令人陷於屢屢碰壁失敗收場。這些奧妙就是由十神性格而來的。

明白命主性格的優劣得失，當其人不恥下問前程之際，只要能以善語導引其優良一面發揮所長，兼又指出其要害之處令其知道必遭損失，日後碰上與運程配合的話，更會令到運程更為完滿。

而且瞭解每個十神的性格，對於處理嬰孩出生時辰八字的安排，亦有很好的用途，當選擇年月日時之際，能夠多加考慮命主的性格處理，將來小孩子的成長路，便會因為先天良好性格使然，對內孝順愛惜父母、兄弟姐妹和順、自覺性強；對外得到師長愛護栽培有加、善友親近廣結人緣。即使成長過程未必有甚麼耀目亮點，後面只要稍遇機緣，也會一登龍門聲價十倍。

具有良好性格行為的小孩，才是真正的「贏在起跑線」！

以下將逐一略述十神性格。

正官星的性格

- 喜歡規行矩步，紀律型；喜按本子辦事。
- 做事需要有人引導或給與指示，特別優勝。
- 欠缺創作力，只懂墨守成規。
- 做事只論過程，不論結果。
- 喜歡以己度人，律人嚴、律己寬。
- 做事被動。
- 喜歡管人或被管。
- 為人好奇，諸事八卦。

- 忌神時，頗為計較、勢利。
- 忌神時，特別為悶蛋及小器之人。

七殺星的性格

七殺為陰星，在某些事情上，會先隱藏、後外露。

- 競爭心強；好勝、不服輸、愛面子。
- 思考直接、快速，善用直覺。
- 做事只論結果，不論過程。
- 性格衝動、大膽。

- 自尊心重，自視甚高。
- 做事不講原則，遇突發事情，往往不按本子辦事。
- 性格喜歡自由，不愛受約束，多愛管他人或做領導，只能接受敬佩或崇拜的制約。
- 性格豪邁、爽快，不喜拖泥帶水。
- 做事喜歡多變化，不可以一成不變。
- 具有天馬行空的創作或設計天份。
- 好大喜功。
- 忌神時，特別容易犯桃花。

正印星的性格

- 管知識和學問，喜反覆求證，旁徵博引。
- 口才、辯才甚差，思考反應慢三拍，更欠急才。
- 做事慢熱，起步慢，臨急抱佛腳。
- 為人正直，心地善良，師長緣特佳。
- 成功之道，在於有足夠經驗或從失敗中反思。
- 性格主觀，有道理則可商量。
- 記性好，學習力強。
- 專注力集中時，做事往往不完成不罷休。

偏印星的性格

- 除正印第一項以外，性格與正印一樣。
- 主觀，為人城府深，陰沉少言。
- 孤芳自賞，略有孤僻。
- 好走偏鋒，做事以成敗論英雄，機會主義者。
- 性格主觀，有道理則可商量。
- 辯才甚差，思考反應慢三拍，無急才。
- 護主心態強烈，若與上司緣份無緣，不受重用，容易心灰意冷。
- 命格好者，容易異路功名；命格差者，容易以技藝謀生。

傷官星的性格

- 為聰明之星，學習方面，著重簡單易記，不要複雜。
- 小事細心，要求仔細，近乎完美主義。
- 極之挑剔，喜評頭品足。
- 遇事喜歡做選擇的一方，喜別人出主意多過自己出主意，除非在某些人際網絡當中變成第一位例外。
- 傷官的人，在不同人生階段中都總是較容易遇到對頭人，只是在明或在暗的分別。（明者正面衝突，暗者感覺互相不妥。）
- 口才、急才特佳，內容準確與否，只是次要。
- 人際表現，乃公關專才，永不怕羞。

- 性格容易以下犯上。
- 創作力好，憑直覺、反應快，不詳加思考。
- 關心幼小之輩份。
- 不喜被人管。
- 喜表現自己，喜被注意及受人稱讚。

食神星的性格

- 懶星，容易滿足，運程稍暢，點到即止。
- 性格温和、文靜。

- 喜多秘密，且一大堆；若要向人透露，則止於一二或者次序倒轉。
- 為人富有同情心，母性強烈，懂得體察別人需要。
- 處事喜以柔制剛，亦不喜歡被管制，只是表面上温和而已。
- 一般容易對藝術有天份。
- 注重生活享受與質素。
- 肯默默耕耘，追求安定。
- 社交方面，為被動型，甚少主動聯絡朋友或安排節目。
- 愛惜低輩。

正財星的性格

- 為人鳳凰格，實際型。
- 為人吝嗇，對自己享用一流，對己無益之人與事則無付出。
- 對人有禮、善巧，順得人意。
- 對財富金錢觀念極強，儲蓄能力很好。
- 若財為忌神，則其人愚魯。
- 正財星混偏才愈多，為人易貪。
- 好享樂、好美麗，重視物質生活。

* 正財、偏財類，同飲食、娛樂、珠寶、金錢、賭博有關。

＊ 無論正財、偏財星，都容易被其他十神之星影響而失去原本性格。

偏財星的性格

- 對人禮貌好，不隨便開罪人。
- 金錢觀念薄弱，不太懂儲蓄或理財。
- 為人豪氣、疏爽，只要開心，便會盡情花費。
- 為人拼搏心較重，容易兵行險著，換言之有賭心，對不明朗的事情，都會博一博。
- 只顧向前衝，忘記防守。

＊正財、偏財類，同飲食、娛樂、珠寶、金錢、賭博有關。

＊無論正財、偏財星，都容易被其他十神之星影響而失去原本性格。

比肩星的性格

- 外貌溫和。
- 性格保守，穩重型。
- 遇到需要改變之事情，往往會猶疑不決。
- 自信心極強。
- 性格主觀，不善採納別人意見。

- 對六親緣薄，略有冷感，往往用敬而遠之方法處理人際關係。
- 孤寒之人，自利主義。
- 性格內向，內斂型。
- 處事稍欠責任感，優柔寡斷。
- 性格略為反叛，壓迫愈大，反抗愈大。
- 忌神時，乃奪財之物（能夠預見）。

劫財星（又名陽刃星）性格

- 自我主義，自我認同；我行我素，完全不需別人認同。
- 離經叛道，不依固有法則；標奇立異，要與眾不同。

- 自尊心極強。
- 人際及社交方面十分主動。
- 自信心超強，超級主觀。
- 不會聽別人意見，孤芳自賞，唯我獨尊。
- 六親緣薄，為人反叛，陽奉陰違。
- 責任感時好時壞，有時盡心盡力，有時則不顧而去。
- 對下屬或幼小之輩特別愛惜。
- 忌神時，亦乃奪財之物。

補充：

(1) 以上各個十神性格，各個都有正面及反面的元素，分別在於該個十神，是以忌神或是用神形式出現。若為用神時，性格會反映良好一面；若果為忌神之時，正面性格馬上變成反面之性格。

(2) 每個八字命盤，隨時有多個不同之十神存在，這些不同之十神互相揉合，則會把正面／負面之元素，都造成強化效應。

(3) 用神和忌神之不同十神相遇在命盤之內，其性格會被比較強勢之一方遮蓋，但是並不表示該個十神性情會消失，當去到大運適逢其會，其隱藏之善／惡之行為，亦會隨大運機緣而顯現出來。

案例篇

貪財好色　勞燕分飛

（著於二〇一四年十月）

「上邪！我欲與君相知，長命無絕衰。山無陵，江水為竭，冬雷震震，夏雨雪，天地合，乃敢與君絕。」這是一首古代詩歌，歌頌男女之間，對感情堅貞不移的意願。經歷五千年文化與道德薰陶之下，培養出對感情看待的崇高操守。

時至今日，男女互相結合的價值觀，已經被扭曲得體無完膚，現代婚姻制度用一些俗語去描述的話，就會變成：合則來，不合則去；性格不合大家分開；夫妻如衣服；夫妻本是同林鳥，大難臨頭各自飛。除此以外，人生路上，因為年少輕狂，隨時還有很多考驗：婚外情、地下情、無端端飛來艷福等等。最要命是這些額外桃花情緣，更是互相傾慕情投意合。結婚之後若果很不幸地發生七年之癢，在這些考驗的面前，究竟有幾多人，能夠一心不亂不貪色相？或者做做民意調查，總會有答案的。

時間回到一九九九己卯年七月，一位優雅的女士登門求教，當時她一面憂傷，為的是丈夫近數個月以來，行藏古怪，她感到事不尋常，故來問個明白。

她與丈夫自中學時青梅竹馬相識，畢業後工作，各自打拼數年湊合了一筆金錢，足夠首期去置業，然後結婚生下小孩，一切十分順利。自從數年前丈夫覓得一份入息頗豐的工作之後，經常往返內地出差，兩夫婦之間漸漸發生事端！

先看看這位丈夫的八字：

男命：戊年小暑後九日交運

印	傷		比
丁	辛	戊	戊
未	亥	寅	午
劫	才	殺	印

1968	1978	1988	1998	2008	2018
1	11	21	31	41	51
傷	劫	比	印	梟	官
庚	己	戊	丁	丙	乙
戌	酉	申	未	午	巳
比	傷	食	劫	印	梟

男士生於丁未年，辛亥月，戊寅日，戊午時。命格以傷官通財及印來護財為重心，丁午正印入年入時，格局很高。而且他的太太即面前的女士，是丙午年出生，其生肖的干支，與男命的丁未年干支互相輝映，十分旺夫的，所以這男士能夠少年得志獨當一面，才三十出頭，已是小小中產階級。早運己酉，姻緣初露於未土，酉金吉神映照學堂宮，少年十五二十春風正盛，故此佳人才子兩相宜。

可是，此命局有敗筆之處：

第一個敗筆：日柱戊寅，自坐七殺，七殺於命盤而言乃忌神入局，雖然合月亥水，時合午火；但七殺始終是桃花犯主，貪花好酒，嗜好不離嫖賭飲吹之類，只要流年或大運帶動七殺作惡，其小魔怪惡行便會表露無遺。

第二個敗筆：時干戊土年支未土，肩劫之物對命造無益，亦即忌神入位，比肩劫財於忌神時，最起碼犯我行我素之毛病，不理別人感受，自私自利更無責任可言。這兩點敗筆，對於婚姻相處之道毫無幫助。

自從一九九八年交入丁未大運，男士的好運確是提升了不少，升職加薪，又要經常出外公幹。細心分析流年，一九九八是戊寅年，戊寅日

時	日	月	年
比		傷	印
戊	戊	辛	丁
午	寅	亥	未
印	殺	才	劫

1968	1978	1988	1998	2008	2018
1	11	21	31	41	51
傷	劫	比	印	梟	官
庚	己	戊	丁	丙	乙
戌	酉	申	未	午	巳
比	傷	食	劫	印	梟

碰戊寅年，七殺巧遇七殺，出外公幹，少不免要去去燈紅酒綠的煙花地交際應酬，平時外表一貫斯文的人，一旦有機會動起色慾心之後，狂野不羈的本性，再也按捺不住了。

丁未大運，與原命盤丁未生年干支，犯上伏吟之病，幸好丁未大運對於另外三柱無甚傷害。但是這個伏吟大運，對於命主而言，卻是人生走到交叉點，因為丁火用神美不勝收，未土忌神暗藏殺機，輕者破財，嚴重者敗財亡家。只要稍在做人處事上有甚麼行差踏錯，往後就會後悔莫及。

一九九九己卯流年很是精彩，卯木合本命年月未亥，三合木局，事業攀上高位，忙得不可開交。丁未大運甫見，合於時辰戊午，身邊有得力的助手，可是丁未相遇丁未，是動了先天姻緣宮！一位男上司遇上女助手，丁火正印星是能幹及智識，即是二人一早趣味相投，工作上又十分合拍。在本地及出差，朝夕相對已是家常便飯。戊寅日柱，見己卯年，乃卯木桃花正照，又去合丁未生年太歲，男上司女下屬迅速打得火熱兼且動起真情來！

當一個人事業得意，身邊又有紅顏知己（第三者）相伴相隨，往往面前有個陷阱正等待跌下也不會知道的！

或者因為命主的七殺個性，又或命中肩劫星作怪，命主奉旨出差不在話下，連平時休假回港的日子也沒有通報太太；沒有回家探問妻兒變成了習慣。這段時候，恐怕命主在昔日結婚行禮上對太太的誓詞，甚麼

比		傷	印
戊	戊	辛	丁
午	寅	亥	未
印	殺	才	劫

2018	2008	1998	1988	1978	1968
51	41	31	21	11	1
官	梟	印	比	劫	傷
乙	丙	丁	戊	己	庚
巳	午	未	申	酉	戌
梟	印	劫	食	傷	比

執子之手與子皆老，一生一世的結婚承諾，早已忘記得一乾二淨，更何況守在家中等他回來的妻子。

經過詳細的分析之後，女士很明白自己的處境，事後很理智和冷靜地與丈夫討論過雙方和第三者的感情事，亦給予時間給丈夫去好好思量。奈何貪慾心已完全佔滿丈夫的腦袋，一心仍然只記新人笑，對於舊人還是老樣子，拋諸腦後了。

事情去到這境地，明白丈夫死性不改，而女士每日孤獨在家，靜靜守候丈夫回來，有時也會按捺不住，希望用電話聯絡問候一下，也不可得。更明知丈夫每天都在別的女人身邊盡享溫柔。當時那種苦悶，哀傷，心如刀割，眼淚也不知流多少公升了。捱過獨自漫長痛苦之後，女士終於覺醒，於是主動提出離婚下堂求去。

當時這位女士，由於好幾年前誕下兒子後，辭去工作專心相夫教子，對於前路很沒信心，不知將來如何獨力把兒子養大成人，又怕重出職場不知怎樣找方向。

看過她報上的命造，己土命以火神成殺印相生的上格，於是勸言，此命以丙火合辛，金神造化，未來流年庚辰，辛巳，壬午，金火相旺，先來一個很不錯的三年運程，宜入金融界任職，一來可得豐厚收入，二來工作時間自由，還有很多時間回家教導兒子功課，一舉兩得。於是一個從未踏足金融行業的女士，第一個年頭已達到年薪百萬的業績，這就是依據命理順勢而行的效果。女士的四柱乃丙午年，辛卯月，己巳日，己巳時。

比		傷	印
戊	戊	辛	丁
午	寅	亥	未
印	殺	才	劫

2018	2008	1998	1988	1978	1968
51	41	31	21	11	1
官	梟	印	比	劫	傷
乙	丙	丁	戊	己	庚
巳	午	未	申	酉	戌
梟	印	劫	食	傷	比

至於她的丈夫，今稱前夫，自從離婚後，運程境況漸走下坡，不到一兩年後，位高權重的工作丟了，往後亦不能再覓得相同待遇的優差了，捱完丁未運，交入丙午大運恐怕依舊風流成性，貽害自身。事實上，從最近所知道的消息，這位男士近年運程阻滯仍然不少，人浮於事，一時三刻恐怕不容易走出困局。

一切只能嘆一句：禍福無門，唯人自招。

魁罡刑沖　引火焚身（著於二〇一四年十二月）

「靜坐常思己過，閒談莫論人非。」

以上乃先賢教誨平日做人處事之道。中國傳統文化，素來著重厚道，隱惡揚善，莫說他人過失。

本來這些是修身克己的美德，但是這個習慣，放諸八字命學而言，尤其近代的八字書籍，很少對每個案例，刻意討論性情行為品格，通常只是集中討論取用神法則，這樣對於命理學子而言是一種損失。因為愈能看清原局命盤中人的性格，更有助判斷將來命運之生死榮辱。

每個八字都有其結構，就算原局字字用神入命，可以該享福報，但若果性格不良的話，就會因為天性脾氣暴戾、忍耐力不足，導致最後愈演愈烈，結果貽害終生。

平時看命，正官、七殺這兩個十神，俱有機會與官非刑獄有關。但是在現實中，有些案例完全沒有正官、七殺兩星，純粹因為先天性格隱伏大忌，加上由小孩以至成長的階段，（尤其第一個大運的時期），碰上衝擊本命性格的運程，這樣令到先天惡劣的脾氣及行為，無止境擴大，使到將來日子，再遇上考驗性格的關鍵運程，很容易便闖下彌天大罪，犯下刑法身陷囹圄，恨錯難返。

是甚麼原因，影響其人性格暴躁，容易因小故導致行為失控？其中關鍵在於「魁罡」這個神煞。六十花甲組合，其中有：

戊辰，戊戌，壬辰，壬戌，庚辰，庚戌。以上六柱，俱是魁罡。

如果四柱之內有魁罡出現，尤其在月柱，日柱，或時柱之位置，通常脾氣特別剛烈，是耐性不足之人，若然命局中四柱帶有刑沖，更會加重破壞力，甚至動輒出現暴力傾向。若果自小沒有好好管教，長大時候就隨著惡劣性格，總有一天因為怒氣障蔽，導致暴力、剛烈之行為一發不可收拾。

以下兩個案例，俱是遇境隨緣，不能自拔的慘痛個案。

命例一：（源自《囚室算命手記》第二十頁）

男命．一九八〇年四月二十日酉時

梟		印	印
辛	癸	庚	庚
酉	亥	辰	申
梟	劫	官	印

2035	2025	2015	2005	1995	1985
56	46	36	26	16	6
財	食	傷	比	劫	梟
丙	乙	甲	癸	壬	辛
戌	酉	申	未	午	巳
官	梟	印	殺	才	財

男命四柱本來是官印相生的好命局，論缺點還是不少，命中正印及偏印星甚多，四柱八個字之內佔去其五，印梟雖云吉神，奈何星情有一缺陷，因為印者鑄印也，凡事要成功，必需源於失敗。再說得坦白一些，就是任何事情，必須經過錯與對的體驗，更要有刻骨銘心的反思，才會得到良好經驗，利於日後發揮。如果自小沒有嚴謹教導行為規

矩走上正軌，其後果可想而知！這是第一個缺點。

其命局中月柱庚辰，亦是魁罡入命，必主脾氣剛猛，遇到挑釁或任何刺激，自然很容易闖出麻煩來，這是第二個缺點。

日柱癸亥，坐下亥水劫財星，是自坐忌神，一來性情流於自負兼且好言不聽，二來以庚辰柱合看癸亥柱，自幼不會主動對父母有尊重孝順之表現，再以癸亥柱合看辛酉柱，人際社交難言懂得做人處世看眉頭眼額，即是不識做人之輩。

三來日柱癸亥，合看年柱庚申，伏下申亥互害之刑傷陷阱，年柱又是先天姻緣定好壞的主宰，其人命造一生姻緣注定為此而傷心痛苦。嚴重的問題因此來了，一個天生脾氣不好的人，加上會碰到感情痛苦，少

時	日	月	年
梟		印	印
辛	癸	庚	庚
酉	亥	辰	申
梟	劫	官	印

2035	2025	2015	2005	1995	1985
56	46	36	26	16	6
財	食	傷	比	劫	梟
丙	乙	甲	癸	壬	辛
戌	酉	申	未	午	巳
官	梟	印	殺	才	財

不免引發家庭暴力，傷害別人或自己身體，其破壞力可想而知，這是第三個缺點。

辛巳大運

根據作者描述，其為人性亂情躁、愚蠢、刁蠻、懶惰、衝動、自負，自幼稚園開始發現問題，包括襲擊老師及同學。當其進入「辛巳」大運，用判命去分析，辛巳運正沖癸亥日柱，凡日柱受沖，於少年運程必定常常大發脾氣，惡口罵人，毀壞物件，加上本性魁罡入命，隨時動粗打人就更難控制。自幼其父母若有用嚴謹的方法去糾正他的規矩行為，則總有改過遷善機會；若果父母溺愛，「孩子還小未懂事的，留待日後慢慢再教」，這就是種下禍根的源頭。

自從八歲以後父母仳離，小學時更有顯著操行問題，欠交功課、愛搗蛋、愛打架，對象除了老師、同學、朋友之外，還包括母親及妹妹在內。母親最少有一次被他打到不省人事，及最少有一次被他掐住脖子搖晃。有一日父親回家探望，更被他用西瓜刀指嚇及襲擊。

一九九二癸酉年十二歲他便被驅逐出校輟學，（推算很大機會是因為他不想再返學讀書），因為命中重重正偏印之累，正偏印過多主懶惰之故也。之後做過車房學徒、跟車工人，不離低技術的勞動工作。之後又染上酗酒及吸食軟性毒品惡習，每當他醉酒或吸食毒品之後，會隨時重施家暴在母親及妹妹身上。簡單說，辛巳大運對沖日柱癸亥，除了

梟		印	印
辛	癸	庚	庚
酉	亥	辰	申
梟	劫	官	印

2035	2025	2015	2005	1995	1985
56	46	36	26	16	6
財	食	傷	比	劫	梟
丙	乙	甲	癸	壬	辛
戌	酉	申	未	午	巳
官	梟	印	殺	才	財

行為亂性之外，沒有甚麼好事可以紀錄。

壬午大運

壬午運天干劫財星，參看原局日柱癸亥，以亥壬互相通根而言，女緣必定出現之象，可惜亥水乃忌神被發動見於大運，必主感情受重創，凶兆一也。再其次原局有亥申互害在前，凶兆二也。其次午火刑於時柱酉金，凶兆三也。再者日柱癸亥，大運見壬，係忌神重見忌神，於日柱邏輯分析，乃命主個人內心世界、及跟判斷力有相關之嚴重事情發生，凶兆四也。如今忌神連環追殺，壬午大運對比之前的辛巳大運，可以想像得到，其凶險比之前只會更大，而且其行為差錯，此事必與女人有牽連。

命主自十六歲起，斷續有拍拖，經常帶不同女友回家，並多次於家人面前大搞男女之事，一眾女友亦少不免成為被毆打對象。

丁丑流年

根據網路作家協會網頁之「重案組黃Sir」內資料所得，命主於一九九六丙子年中經朋友介紹認識一女友，在一九九七年一月份開始拍拖，同年二月兩人租屋同居。自從同居之後，二人經常大吵小吵，女友同時亦與兩位其他男士交往，二人的裂痕不斷加深，稍有不順他便虐打女友。直到一九九七年九月二人因生活拮据，無錢交租而退租，各自回家居住，十月時女方主動提出分手。

印	印		梟
庚	庚	癸	辛
申	辰	亥	酉
印	官	劫	梟

1985	1995	2005	2015	2025	2035
6	16	26	36	46	56
梟	劫	比	傷	食	財
辛	壬	癸	甲	乙	丙
巳	午	未	申	酉	戌
財	才	殺	印	梟	官

自從女友向他提出分手，命主多次苦苦哀求復合，但未能挽回芳心。這件事對命主精神造成很大衝擊，失戀的內心痛苦，加上原命早伏下的高危炸彈，現在只欠一根引爆炸彈的火柴！

一九九七年聖誕前夕（平安夜），即是十二月二十三日，（並非書中提及的十二月二十四日），他請女友於下午四時半到寓所談判，以求她回心轉意。可是他只在客廳牆壁及六合彩投注表格上，寫著愛的誓言——「儀，我愛你。偉」，這樣的方法又怎能有效箍煲？女友決絕地給他兩記耳光，並說了一些刺激的話：嫁豬嫁狗也不嫁他，而且表示已另結新歡。於是引發命主無名火起三千丈，一手把女友推落床上，順手用一條尼龍繩，勒緊她的頸項，直至她再無動靜——他在盛怒之下殺死了最心愛的女友。

一九九七年是丁丑年，丁火沖本命癸水日，日元受沖就是命主受女友（財星）的刺激，引發本身的暴力傾向盡情爆發，十二月是壬子月，又是先前大運亥壬橫行的數據，二十三日那天是己亥日，再一次驗證「亥、壬」凶神之數據。四時半是申時，還原先天命盤之內「申、亥」基因組合。大錯就是如此鑄成！

一九九八年十二月十日，他被控以謀殺罪名，但基於精神有問題，獲得法官接納刑責比較輕的誤殺罪名。原本以為可逃過大難，但是依然被法官判處終身監禁，到頭來始終難逃法網，法官判詞大概如下：

梟		印	印
辛	癸	庚	庚
酉	亥	辰	申
梟	劫	官	印

2035	2025	2015	2005	1995	1985
56	46	36	26	16	6
財	食	傷	比	劫	梟
丙	乙	甲	癸	壬	辛
戌	酉	申	未	午	巳
官	梟	印	殺	才	財

「被告的性格問題始於七、八歲，當時他的父母仳離，被告在校內與同學打架，較年長時毆打老師，出外工作時又與同事不和，每份工作均做不長久。」

法官指出，被告對母親及妹妹亦動輒訴諸暴力，曾將母親打暈及箍她頸項，又曾持西瓜刀指嚇探訪的父親。母親及妹妹在他酗酒、濫用冰毒及軟性毒品時不敢跟他同住，母親因被告的行為接近精神崩潰，妹妹因長期壓力要見精神醫生。

「被告在九六年亦有見精神醫生，但他不肯覆診，又要母親每日給他一百元才肯服藥，他在候審時毆傷同囚，又被判入教導所。」女法官形容被告個性問題嚴重：「精神醫生亦指他不知悔改，長期治療亦難有成效，基於他再犯機會很大，對公眾構成危險，本席判他終身監禁。」

一九九八年十二月十日判刑，是年乃戊寅年，甲子月，甲申日。命主本格正官，寅年，甲月，甲日；寅與甲二字俱是傷官星，年月日重重傷官，一來犯傷官見官之凶，二來寅年沖本命太歲申，官非之事只會更加不利。

八字命學素重中庸平和之道，在下愚見，每個命造由內心世界，以至對外對內的立身處世、言行舉止、脾氣性情，能具中庸溫和厚道，方是達至榮華臨身之道。至於命理之五行生剋制化之中庸，未必可以令到命主飛黃騰達，就算能夠享有十年或二十年富貴運程，可是好運過後，始終因為性情之缺失，導致往後蕭條，變成明日黃花之嘆！

命例二：（源自《風水天地》第二百四十期）

男命．一九六六年十月十三日亥時

傷	財		食
丙	戊	乙	丁
午	戌	巳	亥
食	財	傷	印

1974	1984	1994	2004	2014	2024
9	19	29	39	49	59
才	官	殺	印	梟	劫
己	庚	辛	壬	癸	甲
亥	子	丑	寅	卯	辰
印	梟	才	劫	比	財

男命乙木，以正財格立命，年柱丙午，日支巳火，時上丁火，食神傷官共佔其四，亦是傷食通財星的命造，時支亥水正印亦為有用之星神。

不過在結構上存在了一些疑問，月柱戊戌，恰好是魁罡入命，又是一個不能受到挑釁的神煞，其個人底線若受到嚴重衝擊，始終有六親不認之擔憂。

日時地支巳亥相沖，日柱乃內心世界，時柱乃行為表現，具這個對沖組合者，對於任何不滿不愉快之事情，往往糾結纏繞於心頭，並不容易釋懷；對外行為處事，造成人事最後難有和諧之局面。

己亥大運

己土才星吉神不壞原局，亥水正印，本為扶命所需，奈何原局已有日時巳亥相沖，何況己亥大運是正沖日柱自身宮位，很易強化鬧情緒之事情，究竟有沒有發生過甚麼事情？例如平時事無大小亂發脾氣，到處惹起火頭，又或兄弟之間吵鬧打架，頗令人擔憂。

可惜書中沒有提及。只是提及讀書成績中等，去到一九八三癸亥年中五畢業，因為想賺錢獨立，不想再讀書而始踏足社會。己亥大運暫時未發生亂子。（其實亥年決定不繼續學業，某程度上也是呼應巳亥對沖之選擇錯誤。）

食		財	傷
丁	乙	戊	丙
亥	巳	戌	午
印	傷	財	食

2024	2014	2004	1994	1984	1974
59	49	39	29	19	9
劫	梟	印	殺	官	才
甲	癸	壬	辛	庚	己
辰	卯	寅	丑	子	亥
財	比	劫	才	梟	印

庚子大運

庚金正官合乙日，子水沖本命「午」，基本上算是一個穩定的運程。

一九八五乙丑年，找到電訊技術員工作，命主很喜歡這個行業，加上先天本命之傷食，及正印喜神，工作態度專業，熱誠勤奮，隨著子午沖本命太歲之影響，這個大運之內不斷地被挖角，收入亦相對跳升很多。

命主的兄嫂在一九九三年前結婚，兄嫂婚後與命主之母親同住，這位嫂子性格潑辣，與親戚、鄰居不睦，對鄰居大發雷霆動手打人，又試過因工作表現差劣被解僱，她不忿被炒而淋鏹水報復。相見不好同住更難，不久便爆出婆媳不和，大家沒法生活下去，一九九三癸酉年被母親勒令二人搬出。這件事情，嫂嫂認定命主有份參與從中作梗，作出唆擺離間合謀趕走兄嫂之事，向命主勒索五萬元賠償，命主當然沒有付錢。很不幸噩夢從此展開。

一九九三至一九九五年期間，嫂嫂開始對命主長期滋擾，多次到命主家門淋紅油、屎尿。寫恐嚇字句，到命主工作地點大吵大鬧，更當街向命主太太淋穢物。命主雖然先後報警八十多次，其中有四次成功告上法庭，令到嫂嫂罪成，可惜卻沒有辦法斷滅嫂嫂的怨毒心，滋擾還是沒完沒了。

時	日	月	年
食		財	傷
丁	乙	戊	丙
亥	巳	戌	午
印	傷	財	食

1974	1984	1994	2004	2014	2024
9	19	29	39	49	59
才	官	殺	印	梟	劫
己	庚	辛	壬	癸	甲
亥	子	丑	寅	卯	辰
印	梟	才	劫	比	財

辛丑大運

辛丑運是命主一個嚴峻的考驗！首先是辛金七殺，大忌神直剋日元乙木，乃個人自身受到七殺之剋，容易因為官非或大錯誤之判斷而出事，一凶也。丑土六害本命午年太歲，二凶也。丑土刑戌月支，三凶也。丑戌刑，引動原局戌戌魁罡之暴凶性，四凶也。四凶齊見，這個運程，實在不容易應付！

命主受到嫂嫂瘋狂狙擊，精神一直蒙受壓力，走向瀕臨崩潰的邊緣。用盡了很多方法：報警，揾區議員，找人算八字算鐵板，問米，拜神，做了很多動作，也沒法解決嫂嫂這個黑影的籠罩。命主承認，因為忍無可忍，做出了一個愚蠢的決定。

一九九五乙亥流年，命主有次與嫂嫂衝突之中，出手誤傷了她，因而面臨起訴，更令命主的精神狀態，受到更大壓力，於是心中起了歹念，進行報復買凶殺人。

乙年沖運之辛，乃年犯運，再次挑起大運剋日柱之凶兆，命主用十五萬作酬勞給他人，不論任何方式務求令兄嫂徹底消失。就是這個一念之差（日主錯誤的判斷和方法），令其自墮入黑暗命運之陷阱。

在一九九五年九月八日凌晨時份，日課是乙亥年，甲申，壬寅日。命主所僱用之人，到達兄嫂家門外，先以鐵扣鎖死大閘，然後以電油放火，兄嫂當時在睡夢中驚醒，但逃生無門，火勢瞬間一發不可拾，二人身體嚴重燒傷及吸入大量濃煙，結果活活燒死。

食		財	傷
丁	乙	戊	丙
亥	巳	戌	午
印	傷	財	食

2024	2014	2004	1994	1984	1974
59	49	39	29	19	9
劫	梟	印	殺	官	才
甲	癸	壬	辛	庚	己
辰	卯	寅	丑	子	亥
財	比	劫	才	梟	印

一九九六年五月，命主及所僱用之人，謀殺罪成，判囚終身。

兩案例綜合分析相同之地方：

(1) 命中有魁罡。

(2) 兩柱地支刑傷，都是與日柱有關係。

(3) 二人命中沒官殺之星。

(4) 案發之年、月、日之干支，跟命主日柱之干、支，俱是息息相關。

(5) 第一個大運少年成長期，都是刑傷日柱，對性格發展沒有幫助。

無聲無息 人去樓空（著於二〇一五年一月）

二〇一〇年，遠在法國的弟子，接到一個六十四歲客人。客人已入甲辰大運，因為健康開始有很多問題，另一方面，客人與母親近期關係也不好，算是想找人抒發一下，問卜前程。

不過客人是個很麻煩的人，弟子自從替這位客人算過命理之後，這人便時常在沒有預約之下，逕自走訪上門，目的只是想找人聊天打發時間，這件事情令到弟子很是煩惱，幸好弟子每天由早到晚的約會全滿，只要不理會他，讓他在外面白等，時間久了這人沒甚麼耐性，就會自動消失。

看過這個不速之客的八字，果真是命如其人，的確是一個煩人，除此之外還有很經典的個人經歷，令他數十年來經常掛在嘴邊，到現今仍未釋懷。

男命：生於一九四六年十月十一日子時

才		比	梟
壬	戊	戊	丙
子	午	戌	戌
財	印	比	比

2005	1995	1985	1975	1965	1955
59	49	39	29	19	9
殺	財	才	傷	食	劫
甲	癸	壬	辛	庚	己
辰	卯	寅	丑	子	亥
比	官	殺	劫	財	才

這個八字戊土日元，戊月立命，是正宗比肩格，亦即是建祿格的相同看待。

論命造，丙戌年，戊戌月，再加上戊午日，此命一生不用憂愁衣食，可惜干上年丙與時壬對沖，一者傷及父母緣份，二者亦傷及子女緣份。

交入己亥大運看似平平無奇，實則亥中壬水與原局干上之丙壬對沖互通消息；二來先天年月戌戌互刑，早已埋下父母緣份損折之伏筆，己亥運便成為劇本上演之時間表，一九五七丁酉年二月十七日，其父親早喪，酉害原局年月之戌，故有此應。

日柱戊午，時柱壬子，此命造格局本來忌財才，可是偏偏財才星入時柱，忌神子午對沖，此人的社交、人際，甚至夫妻相處之道，只可以用相當不懂得做人來形容，再坦白點說，亦是頗乞人憎之輩。但是比肩過重之人，素來以自我為中心，不會太在意不受歡迎這件事情，這個人當然亦有這性格。

回說年柱，丙火坐干頭，再看日柱自坐午火，正偏印星入主先後天的姻緣宮內，可是這戊土命造，見火入命乃母慈滅子，正正犯了身旺再

	時	日	月	年
	才		比	梟
	壬	戊	戊	丙
	子	午	戌	戌
	財	印	比	比

2005	1995	1985	1975	1965	1955
59	49	39	29	19	9
殺	財	才	傷	食	劫
甲	癸	壬	辛	庚	己
辰	卯	寅	丑	子	亥
比	官	殺	劫	財	才

逢身旺之大忌。

印星於人事，在用神時可解作照顧愛心，忌神則相反，犯忌亦可解作家暴；印星論運程，若為忌神時則是一個破財貧窮之星。印星忌神落入與感情婚姻有關之宮位，綜合以上解釋，可理解作因為女性／妻子，而受到拖累或破大財之苦，當然他平時對老婆好不好，在下無謂再落井下石。

庚子大運

這個大運犯日柱夫妻宮，又犯時柱子女人事宮，論感情絕對談不上好運，命主在一九六九己酉年四月和首任妻子結婚，一九七〇年一月一日誕下一女，因奉子成婚故。奈何不論大運庚子、流年己酉，俱是與日柱夫妻宮之午火對著幹，只欠時機成熟，便引爆炸彈。

一九七一辛亥年，有天命主回家，發現全屋所有傢具、財物，太太和女兒，通通不見了，剩下只是他本人的衣物，和空洞洞的吉屋。命主在一九七二壬子年六月二十八日辦妥離婚。

壬寅大運

這個大運論感情，是著實有女緣入命；可惜大運之壬水，和原局丙壬對沖，有著深刻的嚴重問題存在。

在一九八六丙寅年四月，命主跟一名女朋友開始同居，一九九二年一月三十日，女友為他誕下女兒。往後時間如流水，直到壬寅大運完結，命主仍然和這位女友共處，暫時一切平靜。

癸卯大運

癸卯運干之癸水合日戊，運卯合年月兩戌，運程總有多少瞄頭的，可是午日柱以卯為桃花，運卯又干犯日時子午對沖，照理是運程見好，順帶引出風流輕狂，更加不會對老婆仔女重視，嚴重的更有激烈磨擦。

才		比	梟
壬	戊	戊	丙
子	午	戌	戌
財	印	比	比

2005	1995	1985	1975	1965	1955
59	49	39	29	19	9
殺	財	才	傷	食	劫
甲	癸	壬	辛	庚	己
辰	卯	寅	丑	子	亥
比	官	殺	劫	財	才

這回大運，命主自然沒有汲取上次教訓，好好去自我檢討，都是

江山易改，本性難移之累！一九九九己卯年，運卯年卯，雙雙刑入夫妻宮之年，這年出大事了：命主在在七月二十五日從外回家，二十八年前的不幸又在他身上發生，女友走了，女兒也走了，傢俬財物，通通沒有了，獨自一人面對吉屋一間。

* * * * * *

俗語説，一隻手是拍不響。凡事有果必有因，看完這個八字，在下沒有可能相信命主會如何善待家人子女，脾氣更不是斯文温和之人。他兩次被老婆女朋友搬清家財而離開，算是女人對他一個狠狠的報復多年累積怨恨而已！

少年剛愎 亢龍有悔（著於二〇一五年二月）

亢龍有悔一詞，源自《易經》的乾卦而來，其卦文由初爻起：

初九：潛龍，勿用。
九二：見龍在田，利見大人。
九三：君子終日乾乾，夕惕若厲，無咎。
九四：或躍在淵，無咎。
九五：飛龍在天，利見大人。
上九：亢龍有悔。

本來乾卦是十分吉利之卦象，它的卦辭：「乾，元亨利貞」。「元」者，大也，始也。「亨」者，通達順利。「利」者，宜也，順遂也。「貞」者，恆而正固也。

但是乾卦六爻純陽，無一陰柔之象，站在人事性格角度而言，若果過度地陽剛、自信、執著的話，在運程暢順環境相就的時候，表面一切是很圓滿的；可是月有陰晴圓缺，太陽也有昇降浮沉。日子漸漸過去，昔日的充滿自信福至心靈，不能容納人家意見，對長輩不尊重，就會變成日後見識淺陋，也是不知審時度勢的固執，這個時候，到處碰壁，人事眾叛親離，際遇不受重用甚至失業困苦，就是物極必反，亢龍有悔的日子。

近日友人送一男命八字來問，此人往後運程如何？

男命八字盤如下：

時	日	月	年
食		傷	官
丙	甲	丁	辛
寅	寅	酉	丑
比	比	官	財

1964	1974	1984	1994	2004	2014
3	13	23	33	43	53
食	劫	比	印	梟	官
丙	乙	甲	癸	壬	辛
申	未	午	巳	辰	卯
殺	財	傷	食	才	劫

辛丑年，丁酉月，甲寅日，丙寅時。一般強弱法則，甲木生於秋天酉月，加上辛丑年合看，金氣很是旺盛，月上丁火時上丙火，甲木日元被左右洩之，驟眼看去是以日時地支的寅木支撐全局。如果換轉角度思考，情況就很不一樣！

首先，酉月辛丑年，月提之氣直通年柱福神辛金干上，是事業及出身必是不弱之現象。丑土正財為財官雙美，又丑酉合半金局，福力更不少了。月上丁火，乃傷官入位，犯正原局酉金正官提綱，於性格而論，乃傷官忌神時候之表現，常好自吹自擂，行事多用直覺少用詳細思考，又容易器量變小；於人事而論，傷官又犯功高蓋主，容易得罪上司，緣份先好後壞。這粒丁火傷官，對命主而言多害而無得益。

這個命盤的下半部，時上丙火食神，遙合年上辛金，但是食神本性喜好悠閒安逸，有點到即止的毛病。日柱甲寅，自坐比肩，時支寅木，比比互刑，比肩乃整體命盤之大忌神，比肩忌神常犯主觀剛愎，好言不聽，又為奪財之物，自私自利故常有糾紛事發生。再以甲寅日丙寅時兩柱，回顧年月兩柱，除了丙辛有合之外，兩點寅木對整體酉丑，變成一無是處，更無法以十二地支任何一字，可以把寅寅酉丑，做成互相串連

食		傷	官
丙	甲	丁	辛
寅	寅	酉	丑
比	比	官	財

2014	2004	1994	1984	1974	1964
53	43	33	23	13	3
官	梟	印	比	劫	食
辛	壬	癸	甲	乙	丙
卯	辰	巳	午	未	申
劫	才	食	傷	財	殺

效果，暗地裏更是金木互戰的形勢！於實際情況，可以理解為：

(1) 比肩自私，難有記掛長輩給予恩典。

(2) 不懂得如何鋪排下半生的命運前途。

甲午大運

原來這個命盤，一生最意氣風發之時，是在甲午大運，午火合日時兩寅木，當時甫離開大學校門，便走馬上任在一國際機構內任職與電腦科技有關的工作，原來在一九八四年，這是一個新興行業，十分吃香，剛開始已經是高薪崗位，憑他的聰明伶俐，與及當時一眾同事協力，很快便已經可以獨當一面，更能夠主理大型項目，這運程令他一登龍門聲價十倍。

但是這個甲午運卻留下不少尾巴：

(1) 首先運午呼應原局月干丁火傷官，年少英雄很難學懂收斂之道，常有不小心以下犯上忽視上司，可是上司也不是省油燈，現況需要的乃是效果及業績，反正這些不算甚麼，留待日後再修理整治也未遲。

(2) 大運之甲，通日時之兩寅，忌神發動，平時雖然一眾同事協力，但是功勞分派能否公允頗成疑問，久而久之同事自然生起怨懟，但是他的運程仍然如日方中，這些小事暫時不構成傷害。

(3) 本命之丑年遇大運午，乃桃花入命，異性緣份接二連三，這些不在話下。

食		傷	官
丙	甲	丁	辛
寅	寅	酉	丑
比	比	官	財

2014	2004	1994	1984	1974	1964
53	43	33	23	13	3
官	梟	印	比	劫	食
辛	壬	癸	甲	乙	丙
卯	辰	巳	午	未	申
劫	才	食	傷	財	殺

癸巳大運

這個大運，癸水正印本吉，遇上月干丁火相沖，今次上司沒有之前那麼寬鬆對待，巳火先合酉丑金局，後面再刑傷日時兩寅木。情況大概是：曾有晉升機會給他嘗試，可是上司變得很嚴謹，正面衝突在所難免。最要命的乃是以前的得力同事，自立的自立，離開的離開，手下只有殘兵老將，根本不成氣候；以前自己福至心靈，判斷策劃得心應手，現在通通不靈光，小小的低級錯誤，便弄到事情焦頭爛額。這些麻煩，不多久便使到命主很快從高高在上，跌到谷底！

任何行業，圈子都是很狹窄的，這個因素亦是令到他在離開舊職之後，很難恢復以前的風光日子。默默耕耘地工作？更何況本命甲寅日，丙寅時組合，早已暗示其人之主觀，難接納他人意見，一生成敗繫在寅木忌神。既是成功靠部下，失敗亦因部下而來。這一點令在下想起一九八九年以前香港畫家馬榮成的著作，《天下》故事內主角「雄霸」因徒弟而成功，亦因徒弟而失敗的命運批章：

成功的批章

金鱗豈是池中物，一遇風雲便化龍。

失敗的批章

九霄龍吟驚天變，風雲際會淺水游。

食		傷	官
丙	甲	丁	辛
寅	寅	酉	丑
比	比	官	財

2014	2004	1994	1984	1974	1964
53	43	33	23	13	3
官	梟	印	比	劫	食
辛	壬	癸	甲	乙	丙
卯	辰	巳	午	未	申
劫	才	食	傷	財	殺

亢龍有悔，物極必反，高處不勝寒。寄望命主在辛卯大運，覺悟到命運成敗得失的哲學道理，這樣總有温暖日子在晚年，否則去到庚寅大運，很是替他擔憂。

早發少年人 一世咖哩啡

（著於二〇一五年三月）

成語有句說話：「小時了了，大未必佳。」本來意思是說，小時候聰明，長大了未必有才華。典故乃出自東漢時期，當時年僅十歲的孔融，在洛陽拜見時任司隸校尉的李元禮，當時李元禮名氣很大，孔融便自稱親戚往求見，李元禮奇怪大家素不相識有甚麼親戚關係？年少聰明的孔融回應：先祖孔子曾經向老子李聃詢問禮法，所以孔李兩姓是世代友好往來關係。孔融的才智令到李元禮及座上賓客很驚訝。稍後，太中大夫陳韙也到來拜訪，得知剛才孔融的說話，輕蔑地說了句：「小時了了，大未必佳。」怎料孔融回敬一句，「陳大夫小的時候一定是很聰明。」陳韙馬上語塞回應不出話來。

初學算命術數，很多前輩常常說，早發少年人當要小心看待，多數愈早發達，愈早失敗。尤其人到中年以後，很容易敗得很慘，窮途潦倒比比皆是。原因很簡單，一個普通少年人，如果自小性格上沒有好好教養，弄到自以為是，好言不聽，待人接物態度欠佳，不懂惜福，怕辛苦不肯付出，不良嗜好多多，賺錢時只懂自己盡情花費，忘記孝養父母，眾多失敗條件早已集在一身，運氣好時還不怎麼樣，但「人無千日好，花無百日紅」這句話總會有應驗的時候，當好運由後門溜走，衰運自然由前門進來！

大約一九九二年曾在聚會上認識過一位朋友，一見面便記得在電影電視見過他的容貌，是做臨記（路人甲之類角色，俗稱咖哩啡那一種），當時聞知在下業餘替人算命，這位仁兄立即老實不客氣要求指點迷津，可惜當時他的運程已經面臨阻滯，每句話只是追問幾時好運程降臨，席上亦重複相同提問，至於在下其他判語提示，一句也聽不進。且看他的命局如何：

男命八字盤如下：

官		傷	財
乙	戊	辛	癸
卯	辰	酉	卯
官	比	傷	官

2018	2008	1998	1988	1978	1968
55	45	35	25	15	5
官	梟	印	比	劫	食
乙	丙	丁	戊	己	庚
卯	辰	巳	午	未	申
官	比	梟	印	劫	食

這位仁兄戊土日生於辛酉月，是傷官正格。年上癸水吉神入位，在合適大運，會有機會賺取不少金錢。年支卯木及時辰乙卯，是大忌神正官入命，忌神不止一粒，是三粒並見，傷官命造遇到正官，是很差勁的組合，行運一條龍，失運一條蟲，這三粒正官星絕對不是甚麼好東西！

全局剋洩交加，見到戊辰日柱，一

年	月	日	時
財	傷		官
癸	辛	戊	乙
卯	酉	辰	卯
官	傷	比	官

1968	1978	1988	1998	2008	2018
5	15	25	35	45	55
食	劫	比	印	梟	官
庚	己	戊	丁	丙	乙
申	未	午	巳	辰	卯
食	劫	印	梟	比	官

般以為辰土是幫身之物，其實完全大錯特錯，此人自信心過度膨脹，好言不聽，好逸惡勞，而且十分孤寒，這個性格就是由戊辰這一個干支引發。而且他平日沒有甚麼肝膽相照的朋友，長久友誼只是損友居多；再加上三點正官星在命盤內搞局，他就是徹頭徹尾不懂惜福之人，不良嗜好多多（好酒、好賭、好色），賺得錢財時只懂自己盡情花費，忘記孝養父母。待人接物沒有太大問題，只是充分利用別人幫忙而事後容易忘記朋友。

最要命的一件事，此命造地支之內，帶有多重的刑沖害連環扣殺，令到命主是一個沒甚麼大志，更不會學懂刻苦耐勞、面對困難的人。

當時一九九二壬申年，大運在戊午，運之戊土比肩星乃奪財之物，況且源自本命日柱辰土，成了忌神發動，此個大運必定犯上思慮不周，做錯決定影響日後命運之事。而且大運之正印午火，雖然用神入運，實際上對全局毫無幫助，這個大運會經常碰上很多良好機會，可惜只是流於表面，當去到實際深入的地步，必定甚麼事情也會無疾而終。這個情況好像沙漠中旅行者，見到遠方水源，原來是遇上海市蜃樓的假象。這個戊午大運可想而知，必定是頭頭碰著黑，工作、財運十分困乏。

反觀上一個大運己未，雖然是劫財星的運程，未土合住年柱及時柱之卯木，化解正官凶性。加上原局先天有癸水正財的幫助，這個運程得到幸運之神眷顧，運氣是好到不得了，運上流年由一九八二、一九八

時	日	月	年
官		傷	財
乙	戊	辛	癸
卯	辰	酉	卯
官	比	傷	官

2018	2008	1998	1988	1978	1968
55	45	35	25	15	5
官	梟	印	比	劫	食
乙	丙	丁	戊	己	庚
卯	辰	巳	午	未	申
官	比	梟	印	劫	食

三、一九八四，直到一九八六年，他賺得非常大額的金錢。只不過劫財星，乃係一個頗嚴重的損耗錢財的運程，換句話說在己未大運，他賺取很大筆金錢，但是從來沒有剩餘積蓄。去到一九八七丁卯流年，他的好運行完了。批算去到這一步，他連連點頭稱是。

實際情況是自從中學離校之後，他考入一間外資企業當上營業代表，這家機構規模龐大，所屬部門負責銷售的產品，市場佔有率有很大份額，可是公司計算營業員的佣金，有一個流弊，就是把每個月的總銷售金額，不論是客人直接向公司洽談，或營業員負責的，都一律歸到營業部之下計算佣金。

由於當時產品完全成熟，銷售亦十分熱門，所以這位仁兄拜好運所賜，每天上班打幾個電話聯絡客户，開開會議，循例做做模樣，早上十一點全體營業員已經離開公司，節目行程：食午飯，去會所打麻將，晚上去酒吧或夜總會消遣。這種生活日日如是，根本不用找生意的，至於收入，旺季佣金曾經每月有七至八萬元，淡季也不是差太遠。對這仁兄而言，返工只是負責出糧。

好日子去到一九八七丁卯年，公司換了新總裁，把流弊堵塞了，每個營業員佣金，只計算每人成功洽談的生意。這樣子，仁兄剎那間失去了頭上光環，運程立即由天上掉到陰溝之內，過不了多久亦萌生去意。

當時在下勸言，做人始終要面對現實，不可以再陶醉在昔日好運；找份穩定工作以應付日常生活，也不是太難之事。丁巳，丙辰大運，收入當然不可以和以前相提並論，慳儉也可以平平安安過日子。這番說話自然不是他心目中那杯茶。

事隔七、八年後，在街上又碰上這位仁兄，當時他正在街頭做直銷宣傳，說得再坦白是層壓式的急功近利推銷生意。問起他近況，還是老樣子，間中做咖哩啡工作，散工收入，生活有一天沒一天，只希望有朝一天洗脫霉運。

又一次，約定我為他再次免費算命指點迷津……

正官變情夫
（著於二〇一五年四月）

坊間有云女命向來以正官及七殺看姻緣。又說女性命中有正官，無七殺干擾者，其人婚姻安定穩妥云云。

日前學生以一女性命造印證學問，八字丁未年，甲辰月，庚申日，丁亥時。學生與此女一向相識多年，對其所知甚詳。這個女命庚金日生於辰月，是偏印秉令，月上見甲木乃忌才入命，又金日剋木月，性格上會有對父母惡口相向之陋習。地支未辰及申亥，又是脾氣不好、忍耐不足之人。

論婚姻，丁未年，甲辰月，庚申日，丁亥時。地支組合上，由於以辰土立格，未辰是格局印星陰陽同到，只是結構上有多少違拗，但始終可承受由丈夫給予衣食之福。

日柱坐申金比肩，亦是用神幫身，可惜旁邊亥水半吉半凶，感情相處方面，婚後不見得家庭有甚麼幸福可言，恐怕與丈夫感情淡泊如水。

而年上丁火正官星，乃忌神高照，亦是女命姻緣幸福指數的一個重要指標。現在忌神入命，在婚姻上丈夫會既是無情趣、又無驚喜之大悶蛋，這些只是小意思，正官星還會令她受到丈夫的傷害。

而且細看丙午，丁未兩個大運，都是沖著她的正官星來，這兩個十年光境，她本人的感情，即是重重男緣出現，苦戀不斷愛恨交錯中度過。

女命八字盤如下：

官	才		官
丁	甲	庚	丁
未	辰	申	亥
印	梟	比	食

1968	1978	1988	1998	2008	2018
5	15	25	35	45	55
財	殺	官	傷	印	比
乙	丙	丁	戊	己	庚
巳	午	未	申	酉	戌
殺	官	印	比	劫	傷

乙巳運

乙合庚，巳合申，這個乙巳大運，雖然不是特別好運，但論學業仍可以中規中矩，平安過度，唯是經常混入男同學堆中玩耍，因此惹來不少女同學背後非議。

丙午運

丙火七殺高照剋入日元，午火在地

官		才	官
丁	庚	甲	丁
亥	申	辰	未
食	比	梟	印

2018	2008	1998	1988	1978	1968
55	45	35	25	15	5
比	印	傷	官	殺	財
庚	己	戊	丁	丙	乙
戌	酉	申	未	午	巳
傷	劫	比	印	官	殺

支上只合年未。這個運程，唯一可取之處，是少年早見衣食入命（若眼光放遠一些，太早見衣食運，只會障礙前程）。如今正官及七殺一同入運，十五歲的少女，去到這個運程，學業上漸漸感到吃不消，同時七殺丙，正官午，就是一大堆男生蜂擁而至追求的正確解釋，少女懷春人之常情，何況哪個少女不喜歡成為眾人追求的目標？這樣久之就變成無心向學，不久就順理成章踏足社會工作。

出來工作之後，輾轉在酒樓覓得知客工作，收入的確很不錯的。丁火午火正官的手尾還沒有完結，這個運程，憑著年輕貌美和工作關係，她的追求者一直絡繹不絕。小姐不愁裙下無人，感情上離離合合在她眼中很平常，也經歷多次波折；而情慾去到火辣時，更曾為情人搞過墮胎。

運末，眼見年歲漸大，聰明的她知道時間不等候女人。還有一個問題令她很煩惱，她所真正喜歡的男人，不是窮便是沒有前途，有能力的男人卻可惜不是心中最愛。雖然正官忌神入命，可是正官星的現實主義，令她做了抉擇：揀了個有能力的男人嫁了便是，對方是紀律部當官的，年紀大她五年。婚後她專職做家庭主婦，起碼將來不用為衣食憂愁，至於真愛，則偶爾會互相聯絡一下。

官		才	官
丁	庚	甲	丁
亥	申	辰	未
食	比	梟	印

2018	2008	1998	1988	1978	1968
55	45	35	25	15	5
比	印	傷	官	殺	財
庚	己	戊	丁	丙	乙
戌	酉	申	未	午	巳
傷	劫	比	印	官	殺

丁未運

丁是正官，又與原局命盤的年時丁火並見，變成三丁剋命，她是丁未年出生，本來這個大運犯上伏吟，幸好命中有亥化解，所謂合可解凶。不過丁未運發生很多事情，都不是好事的。

首先她的丈夫升官加薪，這個本來是好事，但是同時在外面有了小三，也不會時常回家過夜，她知道但沒有大吵大鬧，只是裝糊塗便是。這亦是應驗了命中受到丈夫傷害。

第二件是關於她自己的，宿命年柱上是丁火正官，大運又見丁火到，宿命上的冤家來討債了，她與舊情人又走在一起，當年的情人如今變成情夫。她的丈夫沉醉於風流鄉，也沒察覺頭上變了綠色。（第一和第二件事，不是你當初一我做十五的關係，只是她的宿命必定兩件事情，會在同一大運之內同時發生。）

第三件事，她又因為出軌之事，「搞出人命來」，幸而閨中密友幫忙，陪她去搞墮胎，化解了危機。

第四件事，她在丁未大運中，雖然丈夫收入豐厚，給家用也不少，但她常常欠信用咭數，而且並無餘錢積蓄。

第五件事，這個情夫，並非只是講心，因為正官忌神乃剋身之物，

時	日	月	年
官		才	官
丁	庚	甲	丁
亥	申	辰	未
食	比	梟	印

2018	2008	1998	1988	1978	1968
55	45	35	25	15	5
比	印	傷	官	殺	財
庚	己	戊	丁	丙	乙
戌	酉	申	未	午	巳
傷	劫	比	印	官	殺

論財運，亦可解作因情夫而破大財，此乃三丁並剋之故。這個運程，對女命主而言，既是失人亦有失財！

戊申運及己酉運

這兩個運程，她與丈夫感情時好時淡，丈夫外面仍有小三；沒有離婚，因為她早已立心做家庭主婦，反正每月有家用收入。衣食運程算保得住，但是健康運不太好，常常有些婦科病，或小病纏身。家庭之內與丈夫聚少離多，育有女兒兩名，可惜讀書強差人意。

至於她本人，在這兩個運程，容貌不如從前艷光四射，現已大不如前，或是因為這緣故，情夫已漸漸淡出了。至於下個庚戌運，恐怕二〇一八戊戌年及二〇二〇庚子年、二〇二四甲辰年會有重大阻滯，屆時非要小心不可。

總結

官星，於女命並不一定有利婚姻，若果在格局上配搭不好，隨時會令感情受到傷害哭泣收場，又或者如今次案例女命主，因為正官星忌神入位，搞到出牆紅杏，搭上情夫。

正官帶忌　豪門怨婦二十七載（著於二〇一五年五月）

若果一位女性，自出娘胎降生於中產以上家庭，成長以來身體無災無難，外貌又是出眾的可人兒，性格馴良優雅。父親是成功商人，母親是家庭主婦負責相夫教子，讀書畢業於名校，初出茅蘆已經名成名就，一生從未需要倚靠工作謀生，二十歲嫁入大富大貴之家，從此成為千萬人羨慕的焦點。相信很多人都會認同，這位女子的確是很好的命數。

可惜在地球村娑婆世界裏面，云云眾生總會有不完滿的地方，這樣的一位女性也不例外，她的宿命數據，偏偏嫁了一位性格絕對是大男人主義的丈夫，相處之間，只要有小事不順他心意，便動輒怒斥妻子。丈夫平時忙於事業，夫妻更是聚少離多。丈夫對妻子的要求十分「簡單」，老老實實呆在家裏，絕對不准拋頭露面。

嫁入豪門以後的生活，能否得到女性應有的家庭幸福？心靈上的快樂？一切也不言而喻了！

女命命盤：

年	月	日	時
傷	財		官
戊	庚	丁	壬
戌	申	亥	寅
傷	財	官	印

1968	1978	1988	1998	2008	2018
10	20	30	40	50	60
食	傷	比	劫	梟	印
己	戊	丁	丙	乙	甲
未	午	巳	辰	卯	寅
食	比	劫	傷	梟	印

夫妻宮內忌神早伏

這位女士的八字，戊戌年，庚申月，丁亥日，壬寅時。月令庚申是正財氣純的構造，年柱戊戌，合財星見兒的上等格局，所以命中所遇之異性緣份，必定非富則貴，等閒的黃毛小子，完全無可能攀得鳳凰垂青。

官		財	傷
壬	丁	庚	戊
寅	亥	申	戌
印	官	財	傷

2018	2008	1998	1988	1978	1968
60	50	40	30	20	10
印	梟	劫	比	傷	食
甲	乙	丙	丁	戊	己
寅	卯	辰	巳	午	未
印	梟	傷	劫	比	食

可惜命中日柱為丁亥，自坐正官是忌神，官星乃剋身之物，在財星見兒的組合見之，則是凶物深藏。夫妻宮忌神當道，總不會是請客吃飯，絕對會是心中很傷痛的一根刺！

在此補充一下，正官的星情，若為忌神身份，一主丈夫為大悶蛋，毫無情趣溫柔之輩。二主嚴厲的管束。三主肢體或是言語暴力。四亦主感情上受丈夫傷害。

於女命本身而言，亦是內心世界的判斷選擇，正官亦可解作死心眼，不到黃河心不死……雖然行錯了路！

這粒亥水正宮星，旁邊還有申金造成一個「害」的關係，這段婚姻，初時她母親非常擔憂，出嫁以後母親亦一直不能安心！

壬寅時辰與日柱天干上丁壬合，地支寅亥合，這位女士的性格，很有傳統婦女的美德，努力維繫家庭，甚麼也逆來順受，啞忍下去，或者希望有天守得雲開見月明吧！

（閒話補充：坊間八字書有云：丁壬化木之合，乃淫匿之合。此位女士心地很好很仁慈，行為規行矩步，絕對是正經之人。所以坊間有些八字理論，盡信書則無書是也！祈讀者千萬謹慎。）

己未大運

這個己未上下俱是食神的大運，用神入運，對命主而言，很風花雪

時	日	月	年
官		財	傷
壬	丁	庚	戊
寅	亥	申	戌
印	官	財	傷

2018	2008	1998	1988	1978	1968
60	50	40	30	20	10
印	梟	劫	比	傷	食
甲	乙	丙	丁	戊	己
寅	卯	辰	巳	午	未
印	梟	傷	劫	比	食

月地度過，天天都是開心快樂而且無憂無慮。未土食神合住日柱坐下的亥水，亥水沒能力作惡行凶，亦暗喻女士會碰上非常心儀的對象。

丁巳流年突然聲名大噪，只是論財利事業不算大。天意安排，就在這一年她認識一位貴介公子並且開始交往。一個初出茅廬的少女，沒有見過甚麼世面，一束鮮花，平時外出男士親自管接管送，出入高貴場所吃吃飯，這樣簡單的相處已經令她心花怒放。其實她根本沒有弄清楚男士的全面性格，便一心一意去接受愛情，或者愛情是盲目這個解釋很派用場！命運中總有冤親債主這回事，俗語說不是冤家不聚頭。本命日柱丁亥，流年丁巳沖入異性緣份，不過逢沖亦有凶，好戲還在後頭！

戊午大運

戊土是本命年已有的傷官星，戊午運乃吉神拱照；午比合年戌，亦合時寅。她的衣祿運程的確非常之好，不用工作，得到華衣美食，金錢也用之不盡。只是午火的比肩星，沒有能力掣肘亥水正官的惡氣。丈夫真實性格，也在這個大運展露出來。

戊午流年，拍拖前後不足一年，雙方的愛情到達頂峰，終於步入結婚的殿堂，外人所見只是表面的幸福及榮華富貴。結婚禮儀，只是不快樂日子的開始！

以前拍拖時候，處處殷勤備至與及溫柔體貼。結婚之後，男士的態度，再沒有以前的殷切，本來的性格行為，漸漸浮現出來。

傷	財		官
戊	庚	丁	壬
戌	申	亥	寅
傷	財	官	印

1968	1978	1988	1998	2008	2018
10	20	30	40	50	60
食	傷	比	劫	梟	印
己	戊	丁	丙	乙	甲
未	午	巳	辰	卯	寅
食	比	劫	傷	梟	印

翌年己未年誕下麟兒之後，女士稍稍有甚麼觸動丈夫的神經，不是受到黑面冷待，便是被罵到體無完膚。而且隨著時間洗禮，男女的性格分歧愈見明顯，男士平日十分重視業務上交際應酬，很少花時間陪伴照顧妻子，但是女士很努力去適應。初時嫁入豪門的喜悅，逐漸由哀傷去替代。

丁巳大運

丁火比肩、巳火劫財俱是忌神同到，而且直沖日柱丁亥夫妻宮，正官亥水傷害夫妻感情的魔咒一路浮現。再者寅巳申三刑，應該說寅、申、巳、亥，這四個代表動蕩和衝突的字元，一直圍繞女士的家庭及夫妻關係，揮之不去。

這個大運巳亥對沖，正官的惡氣更加變本加厲，丈夫對妻子的態度，亦可看出是喜怒無常、謾罵、甚至勃然大怒，這些巳經變成家常便飯。

丈夫的事業，如日方中，三天兩天出差不在家已經是很短的日子，更長的離家日子還有呢，等待丈夫回來的時間漫長寂寞又無聊，天天都無所事事。簡單地概括丁巳大運，見到或是見不到丈夫的日子，都不是開心的時間，而且還要忍耐、忍耐、再忍耐。

官		財	傷
壬	丁	庚	戊
寅	亥	申	戌
印	官	財	傷

2018	2008	1998	1988	1978	1968
60	50	40	30	20	10
印	梟	劫	比	傷	食
甲	乙	丙	丁	戊	己
寅	卯	辰	巳	午	未
印	梟	傷	劫	比	食

丙辰大運

丙火是劫財大忌矣，辰土大運沖本命戌年。夫妻感情更受到嚴峻考驗。

去到庚辰流年，這一年女士的本命是戊戌年，大運丙辰，流年庚辰，主應是出事的年份！丈夫因為經常出差，在外地碰上了野花，而且關係非比尋常，事情傳到女士的耳朵，向丈夫求證，怎料丈夫不以為然，而且理所當然地回應，這一下子女士完全受不了，氣到執拾細軟搬走。丈夫也沒有覺得犯了甚麼大錯，只是循例哄哄女士回家。後來女士幾經父母長輩勸說，勉強搬回去了，至於第三者一事，丈夫沒有向她交代，更加沒有好好地哄哄妻子，平時態度依然黑面、語氣不好等等，「夜半無人私語時」的夫妻對話，很久很久也沒有發生過了。而且丈夫的桃花運一直很旺盛，女士也懶得去理會，自此之後夫妻感情更加淡薄。

癸未流年，女士的本命是戌，大運辰，土氣強橫刑沖，考驗又來了。在一次很偶然時候，女士在咖啡館碰上一位舊時的男性普通朋友閒聊，怎料變成閒言閒語被丈夫大興問罪，女士自覺十分冤屈，想起平日自己潔身自愛，從來沒有行差踏錯，以前丈夫對自己態度怎樣不好，在外面的不忠，也是啞忍過去，如今和一個朋友聊天幾句，丈夫的惡劣態度，比以前更兇猛很多倍。

以前女士為了孩子成長，有父母齊全，努力維持和諧家庭，甚麼也是用忍耐去應對。但是現在感到再做甚麼也沒有意思，丁亥日柱的正官

時	日	月	年
官		財	傷
壬	丁	庚	戊
寅	亥	申	戌
印	官	財	傷

2018	2008	1998	1988	1978	1968
60	50	40	30	20	10
印	梟	劫	比	傷	食
甲	乙	丙	丁	戊	己
寅	卯	辰	巳	午	未
印	梟	傷	劫	比	食

另一個潛藏自性也爆發了，就是忍無可忍，這回女士下了狠狠的決定，頭也不回搬離大宅，去到乙酉流年，雙方簽紙辦理離婚！女士從此呼吸自由的空氣，尋回失落很久的消遙快樂！

這女士的八字和故事，聯想起陶淵明的《歸園田居詩集》頗為應景，詩中有云：

少無適俗韻
性本愛丘山
誤落塵網中
一去三十年

傷官七殺　鹹濕小色狼（著於二〇一五年六月）

《三字經》的開始首兩句云：「人之初，性本善」。古時孟子認為人人的天生性情，本來是善良的。可是在現實世界從古至今，是否真的人人天生下來，都是性格良善，不做壞事，這個必定有很大爭議！

一位智者荀子另有相反的觀點，在《性惡篇》內云：「人之性惡，其善者偽也。今人之性，生而有好利焉，順是，故爭奪生而辭讓亡焉；生而有疾惡焉，順是，故殘賊生而忠信亡焉；生而有耳目之欲，有好聲色焉，順是，故淫亂生而禮義文理亡焉。然則從人之性，順人之情，必出於爭奪，合於犯分亂理，而歸於暴，故必將有師法之化，禮義之道，然後出於辭讓，合於文理，而歸於治。用此觀之，然則，人之性惡，明矣。其善者偽也。」（註：偽字意思，如佛經所言之假相，即是不恆久不永遠之義。）

其中一文「有好聲色焉，順是，故淫亂生而禮義文理亡焉。」意思指如果本身天性喜歡色相慾望的人，因此而任性妄為，搞出邪淫的事情，甚至不顧道德規範，禮義廉恥也會拋諸腦後。這一段確實一針見血，直指人性之中的黑暗基因。

八字學問，亦可依據四柱生辰的八個字元，看出一個人的內心世界、潛在性格行為，有沒有上述的聲色犬馬的傾向。假若一個小童或青少年，不幸地天生色心很重，如果父母掉以輕心，無好好導引管教，就算未到成年人的階段，亦會因此而闖下禍事。

下面有兩則案例，聊備參考。

案例一：男命盤

劫	比		劫
壬	癸	癸	壬
午	丑	未	子
才	殺	殺	比

2011	2021	2031	2041	2051	2061
8	18	28	38	48	58
傷	食	財	才	官	殺
甲	乙	丙	丁	戊	己
寅	卯	辰	巳	午	未
傷	食	官	財	才	殺

男命癸水日主，丑月七殺之地，天干劫比壬癸忌神橫行，劫比是很強主觀的個性，行為已經是不受教誨之人，水太旺盛泛濫則無物可制，日柱又逢直沖月令的未土七殺，平時已經具有頂撞父母的劣根性。時逢壬子水，害日柱未土兼沖本命午火太歲，這個結構，對整個命局，只會有破壞無建設。日常行為，在校內及同學之間，已經造了不少惡行百厭事情，師長的評價是會搞麻煩的

人，又會欺負他人，可以説「與罰有緣」。

劫	比		劫
壬午	癸丑	癸未	壬子
才	殺	殺	比

2011	2021	2031	2041	2051	2061
8	18	28	38	48	58
傷	食	財	才	官	殺
甲寅	乙卯	丙辰	丁巳	戊午	己未
傷	食	官	財	才	殺

好色基因

天干壬癸，為忌神身份，本為北方玄武之神，水泛則性淫，兼且時支一點子水桃花，天生已是色慾心十分強烈。這命局中強烈的色慾基因，如果自小沒有受到嚴謹的教育灌輸正確的規矩品格，後果必定十分嚴重！

事緣

大運甲寅，傷官主事，七殺見傷官，變成七殺的狂妄本性也被釋放出來，傷官又為猖狂、率性的表表者，兩個惡劣氣質的十神互相催化，日常惹事生非，已經司空見慣。況且甲寅運柱，對於原局桃花子水，地支七殺丑未互沖，這些惡劣結構，根本沒有能力去駕御；即是天生的劣根性，在這個甲寅大運之內，盡情去恣意妄為！

話説乙未流年，己卯流月，流年之未土，呼喚起掌管內心世界之癸未日柱（色心發動），在公車上見一女童，看著女孩發育起變化的身體，其人年紀小小已經按捺不住，甚麼守禮規矩也不管，公然伸手摸向女童胸部，而且一個月之內，有犯兩次紀錄，結果當然惹上官非，兼且因為警察到其所讀學校調查案件，而令醜事傳揚，使到人人對他避之則吉。

案例二：男命盤

時	日	月	年
殺		梟	比
丙	**庚**	**戊**	**庚**
子	**戌**	**子**	**午**
傷	梟	傷	官

2049	2039	2029	2019	2009	1999
59	49	39	29	19	9
才	傷	梟	劫	比	印
甲	**癸**	**戊**	**辛**	**庚**	**己**
午	**巳**	**辰**	**卯**	**寅**	**丑**
官	殺	梟	財	才	印

男命庚金，生於子月為傷官格，月柱干上戊土及日柱地支戌土，俱是偏印用神入命，算是傷官偏印的好格式。在個人能力及學業方面，他的確是成績優異的學生，二〇〇三癸未年，曾得到政府嘉許獎狀。課餘亦參與文藝創作，短篇小說、散文，也曾得到獎項。往後亦憑優異成績，考上一級名牌大學。

表面上命局的數據及事實反應，這命造應該很不錯。可惜「品學兼優」這句說話，絕對不能用在命主身上。

好色基因

年柱是福德之源頭，管理一個人的先天性格第一個層次，現在庚午年柱，干上庚金犯比肩逆奪破敗之象。支逢午火正官，犯傷官見官，書云傷官見官為禍百端。正官本主規行矩步，忌神身份則變作不守正道、犯法過界之行為。年柱又涵蓋先天姻緣好壞之宿命，這些禍事，十之八九離不開跟女人有莫大關係。

時柱是行為社交之表現，時柱丙子，干上丙火七殺，乃傷官之大患，肆無忌憚之表現。而且丙火午火遙相呼應，兼犯官殺兩相見毛病，一個膽大妄為的星，加上不守規矩的星，聚首一起推波助瀾，於命無

比	梟		殺
庚	戊	庚	丙
午	子	戌	子
官	傷	梟	傷

1999	2009	2019	2029	2039	2049
9	19	29	39	49	59
印	比	劫	梟	傷	才
己	庚	辛	戊	癸	甲
丑	寅	卯	辰	巳	午
印	才	財	梟	殺	官

益。又七殺於忌神時，為嫖賭飲吹行為之主徵。從年柱時柱合參，假如這個人見到女色現前的話，有幾多自我控制的能耐？確實令人擔憂。

大運庚寅

這個大運，干上比肩地支偏財，去合原局年柱日柱，構成寅午戌火局，該有一番作為。

但是這個大運之庚金，呼應原局之庚金年柱，命中已具有的忌神，大運再次碰上，必然有禍事突然出現之解。兩個邏輯合併，即是吉中藏凶，好運之中陰溝裏翻船。

二〇〇九己丑年，高中時候，其人在鐵路車上，見到身旁有一女學生熟睡，便伸手去胸襲那女生，當場被女生摑耳光，幾經苦苦哀求道歉，才獲得女生放他一馬，沒有報警法辦。

這次僥倖脫身，他並沒有借機會好好反省，相反色慾心只是令他滿腦子都是女人的思想，闖禍犯法的行為，只會延續下去。或者因為今次那女生太容易就放過他，令他以為事情很容易解決。

二〇一一辛卯年，某天在公車上，又遇到身旁有女生熟睡，這人重施故技，禁不住手癢，伸手摸人家胸部，結果今次去警察局了。

二〇一二壬辰年，去到夜店消遣，這些飲酒跳舞地方，又是犯事的好機會，吃官司之餘，兼且驚動大學，介入處理他的心理行為。

殺		梟	比
丙	庚	戊	庚
子	戌	子	午
傷	梟	傷	官

2049	2039	2029	2019	2009	1999
59	49	39	29	19	9
才	傷	梟	劫	比	印
甲	癸	戊	辛	庚	己
午	巳	辰	卯	寅	丑
官	殺	梟	財	才	印

二〇一四甲午年，這年甲木通根大運寅木，財星吉神高照，這個流年，本來是很好的名成利就機會。可是大運的庚金，本命年柱的庚金，都一齊向流年甲木劈下去，這是代表好運會一下子從高處墮下，而且跌得很慘痛，一切也因庚金比肩之劫奪，甚麼也失去。

的確這年春季，原局傷官的聰明機敏性格，偏印星的急功近利奇謀妙計，加上七殺的拼命三郎本色，他抓住一個機會，使得聲名鵲起，人氣大旺自然財源滾滾而來。常言道發財立品，但是他的劣根性，怎會想到在好運當中去學習收斂收斂！

二〇一四年末，時丙子逢流月，有次處理公事時，對方代表是位美貌女子，見到對方身裁打扮很好，他的色慾心沖昏了頭腦，毫無忌諱地詢問對方，現在有沒有男朋友？又問人家會否跟男生單獨在外面過夜?!其色狼相完全表露無遺。結果，他的色心如意算盤打不響外，還誤了那次公務商談不成功，更嚴重是引爆令他會很快碰上衰運之炸藥！原因是流年甲木，沖日柱之庚金；又流月丙子伏吟時柱，及倒過來沖破流年甲午及本命庚午年。所以好似「鬼拍後尾枕」怪事般，他犯下低級嚴重錯誤之過。

可見他沒有珍惜來之不易的好運，就是因為其色心已成為慣性行為的一部份，反過來引爆自己的死穴。

在甲午年丙子月內，本來有一個重大良好機會在面前，若能成功，

比	梟		殺
庚	戊	庚	丙
午	子	戌	子
官	傷	梟	傷

1999	2009	2019	2029	2039	2049
9	19	29	39	49	59
印	比	劫	梟	傷	才
己	庚	辛	戊	癸	甲
丑	寅	卯	辰	巳	午
印	才	財	梟	殺	官

可以用飛躍龍門更上一層樓來形容。偏偏就是大好機會之前，被競爭對手挖出私德缺失的弱點，藉著他曾經在傾談公務問過夜一事，大造文章攻擊他的品格失德。怎料骨牌效應之下，陳年臭史不斷被人翻出來昭告天下，加上一沉百踩，平時協助追隨他的人，紛紛割席跟他劃清界線，形勢至此，他只好黯然自動消失。一夜之間打回原形，一文不值。學理上就是原局年柱庚午，大運庚忌再現，流年甲木一次過沖本命年及大運的庚金，甲木是財星是福氣是好運，沖來是好事出現，沖走是破敗，而且是敗得好慘！

* * * * * *

八字命中用神多結構又良好，其人心性純良，人生路上容易成就。若然八字命中忌神多遍佈，結構又惡劣，其人往往容易行差踏錯，就算做錯事，也會以歪理去完滿其自我心靈。如是惡因惡業不斷滋長，運程只會愈行愈差，最後惡運纏身，長淪苦海。

名人因果，各人了！

成敗轉頭空（著於二〇一五年七月）

在一九九二年認識一好友，互相一見如故，天南地北無所不談，當時好友正值人生低谷，錢財事業兩失意，問計指點迷津。好友是年三十三歲，余當下指出：「老兄之相格，現在由眉運入眼運不久，但仍要忍耐阻滯好一段時間，留待四十歲以後，屆時當會飛黃騰達，富貴上門。」

果然在一九九九年，其任職之公司因經營不善宣告倒閉，但是一向跟他交易的客户，對好友十分信任，紛紛支持他自立門户，憑此因緣他一夜之間當起老闆來，不消兩年光境，好友已經有樓有車，很是風光。亦因為替他看相非常準確，自此以後，好友也對相學命理產生興趣，漸漸也在公餘空閒時候，研究起相學命理來。

有日好友來問，一九九三年認識一個朋友，姑且名叫A君。A君以前，只是寂寂無名，個人能力方面，倒是一個聰明仔，甚麼事情也是一學就曉，很快就可以掌握多少竅門，不過平常很喜歡賣弄自己成就。近年跟朋友社交時候，以前斯文客氣消失了，嘴巴愈來愈囂張，處處表現人不如我，粗言穢語已是社交場合的慣用詞語。

自從二〇一〇庚寅年，A君的運氣突然很好，事業可以用「風雲際會」來形容，直到今年二〇一五乙未年，身家財產由零變到數千萬以上。

近排好友與A君晚餐聚會時候，A君又口沒遮攔，向眾人詳述其發跡經過及具體情況。好友在商場打滾多年，見慣不少富貴人物，從來沒有見過一眾老闆們好像A君這種行為態度。而且論相格氣質，總是覺得A君將來有可敗之道。可是好友不明白A君將來在哪個相學部位出現失敗徵兆，又來找在下研究切磋。

當下余按照片直指點睛之竅門，A君之相形，口唇與面部不配合，當敗於五十歲以後，運程只會瞬間大幅下滑，並且從此一去不能翻身。

就是這個緣故，好友順道交出A君的八字命盤，於是又多一個寫實案例的命理資料作為日後教學之用。

男命八字盤資料：逢乙之年春分後兩天交大運

梟		食	食
庚	壬	甲	甲
子	子	戌	寅
劫	劫	殺	食

2035	2025	2015	2005	1995	1985
61	51	41	31	21	11
印	梟	官	殺	財	才
辛	庚	己	戊	丁	丙
巳	辰	卯	寅	丑	子
才	殺	傷	食	官	劫

命局分析

男命壬水戌月出生，是正格七殺入命，年月干上兩甲木，通根於年支之寅，甲、甲、寅、三字俱是食神，寅木合戌，這個甲寅年并甲戌月，正是合了食神制殺的上等格局，將來大運時機一到，便會有榮華富貴的機會出現。

日柱壬子，自坐子水陽刃，時辰又重逢子水陽刃，此乃性格自我膨脹之根

梟		食	食
庚	壬	甲	甲
子	子	戌	寅
劫	劫	殺	食

2035	2025	2015	2005	1995	1985
61	51	41	31	21	11
印	梟	官	殺	財	才
辛	庚	己	戊	丁	丙
巳	辰	卯	寅	丑	子
才	殺	傷	食	官	劫

源，故此常常有感人不如我。而且陽刃又名劫財星，此亦是劫奪七殺之忌神，忌神跨在自身宮及朋友宮，此命有一嚴重缺點，假若在重要關頭，會為求自保而棄人不顧，此種事原來早已發生過。

時上庚金偏印，跟格局七殺非常配合，偏印星的奇謀妙計，令到命主具有雄才偉略，可助日後命運進步。但是庚金在時柱天干之上，倒過來剋制年干及月干的甲木。這個情況乃非常要命的大破綻！將來必定會因為過度自信，造成自我倒米，而且更會趕走財神以至一敗塗地！

大運概述

丁丑大運（一九九五——二〇〇五）

丁火為正財丑官星，干上丁壬合，地支子丑合日時兩柱。這段時間他接觸到很多不同行業機會，認識更多朋友。在事業上憑藉日時兩柱優勢，A君不斷產生很多創意和設計的商品，這些事情對他的衣食運程有幫助。可是丑土官星刑傷戌土七殺，他的事業際遇始終沒有遇上大貴人，所得到只是小利小果的回報。

同時在二千庚辰年辦理離婚，且結識另一女子並一起同居。

食	食		梟
甲	甲	壬	庚
寅	戌	子	子
食	殺	劫	劫

1985	1995	2005	2015	2025	2035
11	21	31	41	51	61
才	財	殺	官	梟	印
丙	丁	戊	己	庚	辛
子	丑	寅	卯	辰	巳
劫	官	食	傷	殺	才

戊寅大運（二〇〇五——二〇一五）

戊土七殺寅木食神，這個都是與原局命盤息息相關，這個大運他的貴人緣份，漸漸好起來。二〇一〇庚寅年，他的好運終於出現了，首先結識一個知名品牌的電子商品的高層管理，從而發現這個品牌有先天的技術毛病，他的強項是聰明加上創意設計，使到這個品牌得以解決技術困難。就是這個機會，使他在一年時間之內，身家暴升地豐厚起來，置業買名車的日子終於出現。

己卯大運（二〇一五——二〇二五）

己土官星卯木傷官，大運之己與甲年甲月互合並化出土神，這個運程仍然可以保持先前的運勢。不過己土始終是正官，恐怕仍有官殺混雜之患，更何況卯木傷官，乃七殺格之忌神，將來定會因為口多、衝口而出等事件，得罪身邊不少助力之人，弄到眾叛親離土崩瓦解的局面。

庚辰大運（二〇二五——二〇三五）

庚金偏印辰土七殺，辰戌對沖是一個重大形勢變動，運上庚金發動，一再沖剋年月上的甲木，A君將會受到從未遇過的大衝擊，很大機會令他整個事業失敗崩潰，甚至會破一筆很大的財，這個都是宿命數據所影響。

食	食		梟
甲	甲	壬	庚
寅	戌	子	子
食	殺	劫	劫

1985	1995	2005	2015	2025	2035
11	21	31	41	51	61
才	財	殺	官	梟	印
丙	丁	戊	己	庚	辛
子	丑	寅	卯	辰	巳
劫	官	食	傷	殺	才

辛巳大運（二〇三五——二〇四五）

辛金雖云正印用神，可惜相助力度不足，更奈何是巳火財星阻路。這個大運對A君來說，比較以往由少年踏足社會，去到六十一歲的光境，變化實在太大，由無到富，再由富變成無，晚年事業不再風光，而且想要翻身逆轉，真的很不容易，很不容易！

黃粱飯熟，人生夢一場。

分手不一定是壞事（著於二〇一五年八月）

算命時候基本有五條必問必答題目，就是：妻，財，子，祿，健康。任何一位女士需要問命，如果關乎自身的事情，亦很大機會離不開姻緣這個課題。

不知道是否人的天性特別對感情有強烈執著，如果得知答案將會分手收場，通常第一個反應，是接受不了這種痛苦。接下來情緒或多或少總會受到影響。

在下經驗認為，命運中有感情波折，有時不一定是壞事，古語云「塞翁失馬，焉知非福」，的確在現實世界常常有發生，只不過通常旁觀者清當局者迷，站在算命師傅的立場，感情之事，只可說世事無絕對的。

案例一：

日前有一豆蔻年華，年方十七歲的女孩子問事。她自從被男朋友說要分手之後，天天眼淚洗面，很不開心之餘，身邊的好朋友多次開解她，但是她總是執迷不悟，心情老是沒有辦法抽離痛苦。

在下拿著她的出生八字一看，說了一句說話，令到她十分詫異！

這個女孩子甲木日出生在卯月，是正格陽刃命或者叫做劫財命。命局入面的癸水，子水，及丑土都是命中大大忌神。

陽刃格算命時候是十分弔詭，如果以一般身旺身弱去判命斷事，會很容易弄到頭昏眼花！好像本命，局中有兩卯木，不嫌木旺過多，反而是喜神並見的吉兆。癸水子水，以命中五行氣順之法看待的話，一般家

傷		印	傷
丁	甲	癸	丁
卯	子	卯	丑
劫	印	劫	財

2051	2041	2031	2021	2011	2001
54	44	34	24	14	4
財	才	傷	食	劫	比
己	戊	丁	丙	乙	甲
酉	申	未	午	巳	辰
官	殺	財	傷	食	才

法以為水生木生火，應該是很好的吧？其實偏偏這個水之正印星，不論放在天干或地支，都是見之不吉的忌神。

女孩子現在「乙巳」大運當中，這個大運呼應先天姻緣宮，所以會早熟早交上男朋友。

第一件覆核的事情，問道：「這個男朋友，該是在二〇一三年癸巳年開始交往的？」

女孩答道：「是的。」

傷		印	傷
丁	甲	癸	丁
卯	子	卯	丑
劫	印	劫	財

2051	2041	2031	2021	2011	2001
54	44	34	24	14	4
財	才	傷	食	劫	比
己	戊	丁	丙	乙	甲
酉	申	未	午	巳	辰
官	殺	財	傷	食	才

「那就恭喜你，今次男朋友主動跟你分手，乃好事一件，值得燒炮仗慶祝！」

「為甚麼這樣說，我真是很不明白？」她十分十分的詫異！

「你的命造先天宿命是忌水，流年二〇一三年癸巳年，跟命中甲子日的忌神重疊，當時只不過憑感覺去跟他來往，從來沒有認清楚人家平時品行如何。可惜這次交上的男朋友頗為欠缺人性，是一個絕對不能一輩子跟他一起的，保證令你一生傷心流淚，現在是他主動分手，還不是天大喜訊嗎？」

「請再說得具體一些。」她追問著。

「事情很簡單，你看他平日如何對待他的家人？」

「他跟媽媽的關係很差，常常粗聲粗氣地罵母親，又試過動手。至於跟其他兄弟姐妹也沒有感情好的。」

「那就是了，現在你跟他拍拖，他只是假情地收斂一下，日後結了婚，你身份自動升級成為他的家人，母親都可以動手，更何況是你這位家人！

「再說下去，去年二〇一四甲午，你倆已經是天天吵架當家常便飯，因為你另有人追求，他眼淺小器所以跟你三天一小吵，五天一大吵。今年二〇一五乙未，他常常說跟你合不來，所以早早喊分手，當然

傷	印		傷
丁	癸	甲	丁
丑	卯	子	卯
財	劫	印	劫

2001	2011	2021	2031	2041	2051
4	14	24	34	44	54
比	劫	食	傷	才	財
甲	乙	丙	丁	戊	己
辰	巳	午	未	申	酉
才	食	傷	財	殺	官

他今年亦另有追求目標，只是你仍在夢中。

「今年唯一值得安慰，這件分手門沒有影響你的學業成績，乙未年成績不錯，該可在十名之內保持前列。」

「你甚麼也説中了，連學業也算中，今年期終考試真的在十名之內。這個人確實很有問題，我知道怎樣做的。」女孩子很輕鬆地說。

她終於清醒了！

學理上甲木陽刃命造怕見壬癸水的印星，印星本主智慧，忌神反而是無智慧兼粗魯鄙俗之解。二〇一三年她剛好遇上這位冤親債主上門，算得上是時也命也。愛情是盲目，更何況是情債！

明年二〇一六丙申年，乃雙星報喜，叮嚀小妹妹以後帶眼識人，切勿抱著人有我有心態去接受感情，先以普通正常的朋友式社交，用時間細心觀察對方，肯定是一個品行端正的人，才可答允做人家女朋友。而且告誡她自身脾氣極差，必須好好改善，否則良緣也變惡緣，那就後悔莫及。

年	月	日	時
比	傷		
辛	壬	辛	吉
酉	辰	未	時
比	印	梟	

1985	1995	2005	2015	2025	2035
4	14	24	34	44	54
食	財	才	官	殺	印
癸	甲	乙	丙	丁	戊
巳	午	未	申	酉	戌
官	殺	梟	劫	比	印

案例二：

城中有一女星，本來有一要好男朋友，奈何男朋友被人發現有出軌行為，女星當然傷心不已，但是年紀也不算少，著實到了非常適婚之年齡，遇到這些事情，是去是留，真是很不容易決定，若去者可能孤獨終老，若留者又怕如何那個。

人生交叉點的十字路口前，有時真會令人又徬徨，又氣餒。

女命辛金辰月，年柱有辛酉福神映

照，月柱壬辰更吉，全局一片金白水清，心性慈和亦是有情有義之人，命中注定有一場幸福富貴，只待機緣成熟便會出現而已。先前大運甲午，乙未，刑沖疊見，人生命運只是東奔西跑薄有名利，其餘實在無有所得。

踏入二〇一五下半年夏末秋初，女命才正式交入丙申大運，而且二〇一六年丙申流年，雖然看似伏吟，但流年與大運著實妙不可言，幸福就是不遠矣。借用《人間詞話》的三個人生境界句語，祝福女星往後人生美滿。

昨夜西風凋碧樹，獨上高樓，望盡天涯路。

衣帶漸寬終不悔，為伊消得人憔悴。

眾裏尋他千百度，驀然回首，那人卻在燈火闌珊處。

色即是凶（著於二〇一五年十月）

有天學生拿著朋友的命盤，要求幫忙分析。

這是一個男命八字，命造是己亥年，乙亥月，癸丑日，壬子時。他現在正處「庚午」大運最後一年，這庚午運程著實頗為阻滯，欠下一大筆房貸，生意又不好，生活感到好吃力。學生問計如何？

命造地支亥子丑會成一片北方水局。日元天干癸水，時旁又有壬水，水勢實在十分龐大。格局可以稱得上是「潤下格」，原本此命造癸水見亥月，只是普通的陽刃格，則年上己土及月干乙木，七殺、食神為喜神。現在命局「水」的五行強勢至極的時候，就很怕被橫逆來剋，哪怕是一丁一點的力量，就算是喜神也會變成壞事的源頭。就是因為這

劫		食	殺
壬	癸	乙	己
子	丑	亥	亥
比	殺	劫	劫

2016	2006	1996	1986	1976	1966
57	47	37	27	17	7
殺	印	梟	劫	比	傷
己	庚	辛	壬	癸	甲
巳	午	未	申	酉	戌
財	才	殺	印	梟	官

原因，命中天干上的己土，及地支丑土，就是由喜變忌的基因。

「一開始我把這支命造，看成陽刃正格，所以把己土丑土的七殺星，看作陽刃駕殺，結果看來看去也搞不清楚。」學生道。

七殺星是用神時，為人正直不阿，心存大志，行事清脆俐落。若果由用神化忌神，初時還可稱是文采風流，後漸漸受世俗所同化，例如喜歡大上大落的賭博，甚至十分好色。總之嫖賭飲吹的

劫		食	殺
壬子	癸丑	乙亥	己亥
比	殺	劫	劫

2016	2006	1996	1986	1976	1966
57	47	37	27	17	7
殺	印	梟	劫	比	傷
己巳	庚午	辛未	壬申	癸酉	甲戌
財	才	殺	印	梟	官

壞事，都是七殺忌神最容易犯的錯。

這個男命初時的大運「癸酉」、「壬申」，事業正處於平步青雲的日子，而且年輕時候早已晉身有樓一族。在這個好運的時期，命主認識的朋友當中，有些人帶引他去炒股票。命主的日柱坐下七殺，七殺喜歡贏大財，小小的勝利是絕對不能滿足的，因為這點潛意識性格，命主在股票市場，只集中火力以小搏大，例如是「孖展」買賣股票、牛證熊證，甚至期指賭升跌，都是他心頭之好。亦因為他在好運當中，輸的機會少，贏錢機會多，事業、財富可謂兩得意。可是暗地裏貪勝好賭的心漸漸變成很深的習染。

辛未大運

對於這位男命主，他面對一個新考驗，大運的未土撼動日柱癸丑，命主的夫妻關係沒有甚麼大事發生，磨擦口角的事不至於傷及夫妻感情。命主的心態，一直十分關注股市的賭博投機的事情，念念不忘怎樣可以一次性賺取數十萬元以上的利潤。但是大運未土，還去干擾年柱的己土，二〇〇三年適逢癸未流年，這一年命主的正業生意很好，賺錢很多。他留在公司加班的時間愈來愈多，適逢這個時候，部門來了一位女同事，年紀雖然成熟，外貌仍然十分標緻。可能大家都是已婚人士，甚麼話題也可以聊個不亦樂乎。不久兩人已發展起來，偷偷摸摸的地下情，新鮮又刺激，他倆十分情投意合。

這件事情公司之內無人發現，兩人的另一半也是懵然不知。表面上

劫		食	殺
壬	癸	乙	己
子	丑	亥	亥
比	殺	劫	劫

2016	2006	1996	1986	1976	1966
57	47	37	27	17	7
殺	印	梟	劫	比	傷
己	庚	辛	壬	癸	甲
巳	午	未	申	酉	戌
財	才	殺	印	梟	官

日間有情人，夜間有妻子，神不知鬼不覺，靜靜地享齊人之福。原來這是命運的考驗，這個女色是完全貪不得！自此以後，命主的生意業績、賭博運氣，逐漸起了變化。

以前命主的生意成績一向十分穩定，而且成績很好；後來生意成績變成時好時壞，收入比過去的日子差了很多，幸好還可應付每月家用。可是股市賭錢的運氣，相比起正業更是差得遠了。簡單地說，輸多贏少的次數愈來愈多。漸漸手頭過去的積蓄，已完全輸光了。

庚午大運

大運的庚金，合月柱乙木，命主曾經轉換工作機構，但對於增加收入完全幫不上忙。因為庚金正印，乃命局忌神，雖云乙庚化合但有心無力，所以作用不大，勉強辛苦地工作，收入才達到平穩而已。

大運午火，既是原局日柱桃花，午丑害傷及日柱，而且午火沖時柱子水。日時兩柱合併是家庭相處的宮位。現在因為午火財星以忌神來害丑；在這個時候，妻子漸漸發現丈夫有外遇問題，嚴詞詰問之下，弄到夫妻感情出現嫌隙，太太稍有不如意便會大吵大鬧；二人單獨相處又會對他冷冷淡淡。或者因為多年感情，他未至於敢向太太發難，唯有天天對住太太乖乖地受氣；又因為他的行為不檢，連子女跟他的相處，也好像有一道隔膜在中間，令他感到很沒味兒。

時	日	月	年
劫		食	殺
壬	癸	乙	己
子	丑	亥	亥
比	殺	劫	劫

1966	1976	1986	1996	2006	2016
7	17	27	37	47	57
傷	比	劫	梟	印	殺
甲	癸	壬	辛	庚	己
戌	酉	申	未	午	巳
官	梟	印	殺	才	財

回説到外遇這邊，外遇也不是可以容易打發解決的一個大問題！因為東窗事發不為太太所容，他向外遇稍稍傾談前途問題，外遇馬上感到被耍了，好像高興時跟她來玩一玩，弄到現在家裏的老婆要一哭二罵三上吊，就要甩開她回去做個乖乖丈夫，怎可如此輕易放過他，頓時跟他沒完了。今回這位仁兄可謂豬八戒照鏡，裏外不是人了！

前文已説過，以前命主在「癸酉」、「壬申」好運當中，在股票市場已經習慣了贏錢。自從交入壞運，經常揀錯股票睇錯市而敗北，他當然很不習慣輸錢。賭仔的心性就是要把輸掉的，希望在下一鋪賭博中通通贏回來！手上的積蓄輸得已乾乾淨淨，把心一橫將房子拿去做按揭，借下了過百萬元，務求翻本。結果不到一年時間，借來的賭本也送入股市的大海之中，泡湯了！

八字學理上，日柱乃心靈感覺及自我判斷的主位，日柱癸丑，連續受到兩個大運「辛未」、「庚午」的衝擊，即是經常容易判斷失準。以投機賭博論，見此運程，必定逢買必錯，逢賭必輸。這次命主敗光借貸，先前生意下滑收入減少，沒有偏財進門幫補，現在背上銀行借貸，真是百上加斤吃力非常。借錢輸光一事把他的運程，再推向更深的谷底。

命運哲學除了推算八字數據的推衍，也要注意命主的行事做人有否問題，因為稍稍一個低級錯誤，把本來的好運也會打翻了。

年	月	日	時
殺	食		劫
己	乙	癸	壬
亥	亥	丑	子
劫	劫	殺	比

1966	1976	1986	1996	2006	2016
7	17	27	37	47	57
傷	比	劫	梟	印	殺
甲	癸	壬	辛	庚	己
戌	酉	申	未	午	巳
官	梟	印	殺	才	財

這個案例命主做了勾人老婆的事情，會是很傷害運程的添加元素。

曾見識過有大商家，全盛時候身家數字以億元鉅。後搭上一位有夫之婦，女子之夫亦為社會上有頭臉之人，此事被揚開之後商家還公然繼續，更令人家顏面掃地。不消三年富商宣告破產，一文不名後更不能翻身。這種後果屢見不鮮！

學生詢問下一個「己巳」大運，命主運程能否平安渡過？

這件事情很難說定，若能改過自新洗心革面，將來還有坦途之路可行，否則命運改寫就不知如何是好了。蓋大運巳沖年柱月柱之兩亥，明顯運程上必有陷阱埋伏，一個不小心，健康財運兩全失，實也無可奈何。

三刑入局 由有變無（著於二〇一五年十一月）

坊間八字學問有云：「寅申巳亥，交通意外。」意思乃謂八字命局當中，有寅、申、巳、亥，這四個字，或三個字存在，容易惹上交通意外或受傷云云。這個口訣是否萬試萬靈，還待更多的實際案例去驗證。

在下有一個相交多年好友，他的八字年月日三柱，就具有寅、巳、申，這個三刑結構。

發哥，他的四柱八字是壬寅年，乙巳月，戊申日，戊午時。

戊土日生於巳火月，是偏印正格。表面上金木水火土五行齊全，可是命局中的壬水偏財星，月上乙木，對命盤而言必有剋制，況且，年寅、月巳、日申；剛好構成一個三刑局面，是埋下把命運跌入低谷的計

比		官	才
戊	戊	乙	壬
午	申	巳	寅
印	食	梟	殺

2021	2011	2001	1991	1981	1971
59	49	39	29	19	9
傷	食	劫	比	印	梟
辛	庚	己	戊	丁	丙
亥	戌	酉	申	未	午
財	比	傷	食	劫	印

時炸彈，只待運程來到而引爆。

命局結構

發哥的八字，時干戊土很美，朋友宮得道多助，朋友中人很多不是泛泛之輩。地支寅午合半個火局，巳申合水。唯是寅申沖及寅巳刑傷。

這個是有沖有合的結構。在運程相就時，會有風雲際會的日子。但是早伏寅巳申三刑局，如果大運遇見寅運或申運，必會發生十分麻煩的阻滯。另外日

年	月	日	時
才	官		比
壬	乙	戊	戊
寅	巳	申	午
殺	梟	食	印

1971	1981	1991	2001	2011	2021
9	19	29	39	49	59
梟	印	比	劫	食	傷
丙	丁	戊	己	庚	辛
午	未	申	酉	戌	亥
印	劫	食	傷	比	財

柱戊申自坐食神，潛意識上容易相信別人，一個不小心鬆懈下來，警覺性不強，往往造成判斷錯誤，令到恨錯難返。性格上命帶三刑者，脾氣性急不耐煩，不順心意時便會爆發；這樣會令到將來人生命運及六親緣份搞得不好的。

發哥出生於小康家庭，自幼家中不愁生活。月柱乙巳，干上見正官星，不算是用神，父親宮位見到官星，不是父親做公職或公務員。平時他與父親見面相聚時間很少，父子之間很少談話傾吐心事，可以說是頗有代溝存在。

年柱地支見寅木七殺，寅巳又刑乃忌神入局，發哥有一個壞嗜好，很喜歡賭錢，其他食煙、飲酒、一概無甚興趣。但是跟女性感情世界事的標準，在下認為尚有進步的空間！

命局姻緣，壬寅年見戊申日，年上壬水財星與原局違拗，地支寅申互為驛馬，宿命上注定婚姻易有離散之憂，除非夫妻生活聚少離多則另議。

丙午大運（九——十八歲）

這個大運干梟支印，雖然命中寅午合火，午、巳俱火，命局上不怕火多。大運午火再合寅木，丙火通根原月令巳火。這個大運求學時期的發哥，讀書用功只是中規中矩，不能說懶散但不算勤力，每次成績下來，總是排列十名上下，次次都是前列而回。大運丙午的火神，對他學習運程，的確十分有利。

又丙午運，丙火沖本命年的壬水，這是到了少年感情煩惱，見到窈窕淑女自是君子好逑，可惜是鏡花水月不成功的事情。

時	日	月	年
比		官	才
戊	戊	乙	壬
午	申	巳	寅
印	食	梟	殺

2021	2011	2001	1991	1981	1971
59	49	39	29	19	9
傷	食	劫	比	印	梟
辛	庚	己	戊	丁	丙
亥	戌	酉	申	未	午
財	比	傷	食	劫	印

丁未大運（十九——二十八歲）

丁是正印未乃劫，丁合本命年壬水，未合午時。本來「丁未」大運還有一個巳午未；跟學業宮構成一個三會局，只要肯花耐性，該有晉升到大學門檻機會，但是丁壬一合，反而先見財利到來，心念一轉，在高中畢業之後，發哥便投身社會上工作。

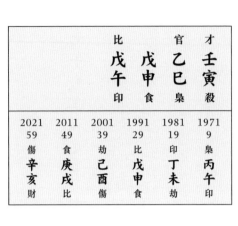

踏足職場甫開始，對發哥而言一切很順利，初時做過營業員，賺錢很順利，三四年之後進入一間頗具規模的大商行工作，很快晉升到高級業務代表，負責的每宗生意，動輒上落過千萬元，若果成功完成生意，每月隨時六位數字收入已是家常便飯。

這個丁未大運，發哥已晉升做有樓之人，並已成家立室。

戊申大運（二十九——三十八歲）

大運的戊是比肩星，申食神。最大的問題始終來了，申運自刑日柱，又沖本命寅年，再挑動先天命盤的寅巳申三刑局。

由一九九一年進入這個大運，他的事業財運，一直都很正常，沒

比		官	才
戊午	戊申	乙巳	壬寅
印	食	梟	殺

2021	2011	2001	1991	1981	1971
59	49	39	29	19	9
傷	食	劫	比	印	梟
辛亥	庚戌	己酉	戊申	丁未	丙午
財	比	傷	食	劫	印

有甚麼特別事件發生。只是去到一九九三癸酉年，是年本命日柱的戊合年癸，申日見到酉年又應機桃花星入命，發哥碰上另外一位紅顏知己。這件事情他主動向太太和盤托出，當時結果以物業加現金共值超過三百萬元，送給太太以作換取自由。去到如斯地步，雙方同意之下在一九九四甲戌年正式辦妥離婚。這個事情，本來可以避免婚變，只是他過不了宿命上婚姻的考驗！

往後的日子，香港百業興旺，直到一九九七丁丑年爆發亞洲金融風暴，發哥依舊生意興隆財源滾滾，完全沒有任何影響。

暴風雨來臨之前，平靜得來沒有任何先兆。

交入一九九八戊寅年，有兩件事發生：第一件是發哥再婚了，對象是一九九三年認識的紅顏知己。另一件事是發哥參加公司安排上普通話課，認識了一位老師，怎料這位人士，大鼓如簧之舌，吹嘘有很多背景人脈關係，如何熟悉在國內投資房地產業務，並哄騙班上眾人，合資成立投資公司。

就是那麼簡單的騙局，發哥便一頭栽了入去，到一九九九己卯年尾方知中了埋伏，輸掉一筆鉅額金錢。原命局有「乙」及「寅」，乃官殺入命來剋身；大運戊申打開原本三刑之封印，戊申運見戊寅流年，叫做年犯大運，於運程宜靜不宜動，更忌做重大決定，否則必定會遇上大破損。實在奈何，奈何，奈若何！

戊午	戊申	乙巳	壬寅
比		官	才
戊	戊	乙	壬
午	申	巳	寅
印	食	梟	殺

2021	2011	2001	1991	1981	1971
59	49	39	29	19	9
傷	食	劫	比	印	梟
辛	庚	己	戊	丁	丙
亥	戌	酉	申	未	午
財	比	傷	食	劫	印

自從此役遇上滑鐵盧，發哥任職的公司發生大變，他亦失去了職位。往後糊裏糊塗做生意投資，結果去到二〇〇一辛巳年，把以前所賺到的金錢，通通輸掉，連同手上所有物業也賠上了。

這事之後天天面對生活、金錢問題，夫妻磨擦少不免增多，二〇〇三癸未年妻子心疼他的盲目投資，說話多了一些嚕囌，無甚忍耐力的發哥，結果忍耐不住，連第二任妻子也弄到下堂而去。嘆一句：本來無一物，何處惹塵埃！

他的命運故事，開始一直處處順利，之後的人生輾轉入到低谷，近十多年來一直掙扎求存，幸而他的心境依然保持開朗自在，這一份樂觀，有助他在艱辛的日子，天天不怕疲累去奮鬥，我也相信，總有一天皇天不負有心人，漫長的黑暗總有消散的一天。

費盡機心攀枝頭

（著於二〇一五年十二月）

古典文學《詩經》的《衛風》裏面有一篇《氓》，開始的幾句：氓之蚩蚩，抱布貿絲，匪來貿絲，來即我謀。

內文意思大概：（氓）指拋棄妻子的男人，初時見這人外表純厚言笑嘻嘻，拿著布帛（貨幣）買絲，目的不是買賣，只是意圖來接近我。

這篇詩經雖是表述一個男子始亂終棄的貪心和無情無義。但是以人性角度去探討，其心性不論善良或醜惡，原來是男女一律平等。無情無義不是男人獨有的專利，女人運用機心的狠勁，往往比男人有過之而無不及！

才		食	殺
丙	壬	甲	戊
午	子	子	申
財	劫	劫	梟

2019	2009	1999	1989	1979	1969
51	41	31	21	11	1
殺	官	梟	印	比	劫
戊	己	庚	辛	壬	癸
午	未	申	酉	戌	亥
財	官	梟	印	殺	比

資料庫中有一個女命，姑且叫她做小鳳，出身自平凡的小康之家，從少女時期開始，她大半生用盡機心去計算策劃，以情感作為手段，拚命往上爬，方法很成功，過了一關又一關，很順利令她去到人生峰頂。

不知到是無止境的貪慾心和不滿足，還是因為習慣成自然，有次又亂用色相手段，結果一夜之間，由天上跌到陰溝裏去。

上面是小鳳的命盤。

殺	食		才
戊	甲	壬	丙
申	子	子	午
梟	劫	劫	財

1969	1979	1989	1999	2009	2019
1	11	21	31	41	51
劫	比	印	梟	官	殺
癸	壬	辛	庚	己	戊
亥	戌	酉	申	未	午
比	殺	印	梟	官	財

命盤結構

戊申年，甲子月，壬子日，丙午時。壬干日元生於子水冬季，坐下又見子水，年柱地支見申金來會月日柱兩子水，水的氣勢十分旺盛，福力已經很不錯。加上年柱干上見戊土七殺乃大用神入命，配合地支兩個申子水局，一生必定有一場富貴在等待她。月上甲木食神，外表斯文純樸猶如鄰家女孩；上文「氓之蚩蚩」的氓，外表看去也是敦厚老實，可是這個食神只是包裝，亦是她的第一種性格。

為甚麼一個鄰家女孩，好端端會機心重重呢？八字命學有一粒星名叫偏印，它是一顆很靈巧聰明的星，亦主應異路功名，假若成為忌神的話，偏印星會令到命主對人處事機關算盡，目的只是一己私利。碰巧她的命中亦有一粒申金偏印，勿以為申子合水會令到申金轉化其偏印惡劣特性，偏印的忌神性格只是暫時潛藏，待適當時候便會展現出來。這個偏印星就是第二種性格。

時柱丙午，上偏財下正財，記得坊間八字書籍，《窮通寶鑑》有云：

日主壬水，生於仲冬子月，水旺之時，「得令」。子月水旺宜戊，調候宜丙，丙戊必須兼用。十一月壬水，陽刃幫身，較前更旺，先取戊土，次用丙火，丙戊兩透，富貴榮華。有戊無丙，略可言富。有丙無戊，好謀無成。或支成水局，丙不出干，即有戊土，亦是庸人。

丙午	壬子	甲子	戊申
才		食	殺
丙	壬	甲	戊
午	子	子	申
財	劫	劫	梟

2019	2009	1999	1989	1979	1969
51	41	31	21	11	1
殺	官	梟	印	比	劫
戊	己	庚	辛	壬	癸
午	未	申	酉	戌	亥
財	官	梟	印	殺	比

這個身旺用財觀念，表面上很貼切小鳳的命造，初學八字者很容易相信，以為小鳳命造發達靠丙午火。這個丙午時柱，實在是大忌神入命。

若以性格分析則明顯不過，正財偏財兩星，於忌神論為極之貪心，喜歡大上大落一步登天，又為極度揮霍金錢，愛好奢華之人。放諸人事宮看，她對丈夫非常粗暴，甚至當著家人及傭人面前用上咆哮、哭號、髒話喝罵丈夫。在家傭眼中：庸俗小氣、脾氣暴躁、粗口連篇的女人，弄到人人恨她，也很怕她。朋友形容她，做甚麼事情也必定另有目的。以上的性格行為，都是財才星忌神在時柱搞出來的。這就是第三種性格。

運程分析

壬戌大運（十一——二十歲）

這個運程，戊土七殺來會時柱午火，壬水比肩用神在干頭，壬戌大運足以助她潛龍出海。一九八七丁卯年才十九歲，丁卯年與大運壬戌干支相合；好運來了。認識了一對年過五十歲的夫婦，憑著鄰家女孩的外貌，和主動開朗的性格，很快便跟夫婦混熟，旁敲側擊之下探知這對夫婦算得上是外國的小中產，小鳳平素很想出國發展，只是苦無機會。她運用小小手段便輕易搭上那位丈夫（A君），使得A君夫婦願意資助她出洋留學。

時	日	月	年
才		食	殺
丙	壬	甲	戊
午	子	子	申
財	劫	劫	梟

1969	1979	1989	1999	2009	2019
1	11	21	31	41	51
劫	比	印	梟	官	殺
癸	壬	辛	庚	己	戊
亥	戌	酉	申	未	午
比	殺	印	梟	官	財

戊辰流年，她命中的七殺戊土旺氣當頭，很順利已去到異國，生活亦穩妥，她就毫不客氣公開曖昧關係，氣得A君妻子大喊離婚，不久便名正言順跟A君結婚，二十少艾跟五十的結合，得到當地入户落籍是順其自然的事情。

辛酉大運（二十一——三十歲）

辛、酉的金都是正印星，丙時合辛化水。

又壬子日見酉為桃花星落入大運，她的男人緣份一路發生作用。庚午年，庚源自申金也就是本命年柱，午又合大運戌，又是她的新機會。

A君雖然是不錯的小中產，但這丁點的自在生活根本不是她眼中那一杯茶，年紀相差太遠也是個大問題。

庚午年她瞞著A君，搭上年紀跟她相若的B君，B君的年青和財力比A君更勝，況且之前第一個目標已達到，她馬上狠狠甩開了A君，另投新歡懷抱並且同居。

去到乙亥年，乙年沖辛運，由於B君需要往外地長期發展，她跟B君關係告一段落。

丙子年，正值她出門的時候，在航班上商務客位旁邊，坐了一位C君，是任職跨國機構CEO的商業才俊，眼前的大好機會豈容放過，她把握機會的能力確是很棒，稍用技巧便獲得C君機構之內的差事，翌年她的薪水已逾五十萬港元。

普羅大眾眼中，在當年日子，五十萬元薪水已經很了不起，該會滿足吧。但是在她眼內，五十萬元根本不是甚麼一回事。她的目標是很高很高的！

丁丑年年末是總公司週年宴會，在這個重要場合，富可敵國的大股東D君也會出席，她的人生目標也出現了！席間很主動和D君攀談，她的迷人魅力，令到這位大老闆D君留下

才		食	殺
丙	壬	甲	戊
午	子	子	申
財	劫	劫	梟

2019	2009	1999	1989	1979	1969
51	41	31	21	11	1
殺	官	梟	印	比	劫
戊	己	庚	辛	壬	癸
午	未	申	酉	戌	亥
財	官	梟	印	殺	比

非常深刻印象。

戊寅年，流年戊土，又是七殺當旺的年頭，新的好運年又來了。她趁著出差的機會，跟D君展開戀情，雖然明知對方已有太太。她很樂意

接受，而且更樂於公開這段戀情，原來公開曖昧關係是取得最後勝利的有效方法。此事不久令到D君跟三十多年感情的髮妻鬧離婚。於己卯年，她正式與D君結婚，飛上枝頭作鳳凰的日子終於來臨了。

庚申大運（三十一——四十歲）

這個大運，盡享榮華富貴，不用細表。

己未大運（四十一——五十歲）

這個大運己、未都是正官星，大忌神臨運，對她而言是一個嚴峻考驗的日子。

己未柱跟命局比較，亦犯官殺混雜毛病。雖然已婚多年，但是她

殺	食		才
戊申	甲子	壬子	丙午
梟	劫	劫	財

1969	1979	1989	1999	2009	2019
1	11	21	31	41	51
劫	比	印	梟	官	殺
癸亥	壬戌	辛酉	庚申	己未	戊午
比	殺	印	梟	官	財

對於面孔英俊而又事業成功的男人，會是特別很有興趣，往往情不自禁且會主動搭上。有好幾次更肆無忌憚在自己家中跟情人幽會，而且是在家傭面前也毫不收斂。紙往往不能包住火的，由於平日她的人事關係向來十分差勁，所以沒有人願意為她遮瞞。

去到癸巳年，巳火犯上時柱丙午火之忌，忌神惡魔發動了！這年裏頭，閒言閒語終於傳到丈夫D君的耳內。D君立即跟知情人員逐一查證，確定頭上變綠色原來已是多年之事，只是他從來不知道，頓時氣得七孔生煙，一怒之下即日作出離婚決定。

由於丈夫掌握充分證據，所以在離婚補償一事上，她只可以得到極少的甜頭。自此以後，向來已習慣天上飛翔的鳳凰，一下子羽毛盡失掉到地上，再也不能高飛！

往後大運戊午、丁巳

兩個大運都是火氣十足，犯正時柱忌神發動，健康、財運，恐怕損折重大矣。

女星「皇后娘娘」（著於二〇一六年一月）

女星「皇后娘娘」自一九九一年出道以來，不經不覺已經過二十五個年頭。初時對她印象不太深刻，及至二〇一五看過衛視電視台好幾個節目，她對人處事的親和及真誠，又有另一番的新體會。

人人都説娛樂圈是大染缸，很多人乾淨身子走進去，不到三兩年光景，便會被感染各式各樣不好的習氣，往後更令到人生一塌糊塗，嚴重的有些不久便星途暗淡落得消失於圈子之內。但是女星的經歷卻是很不一樣，由初出道時一切任由命運去擺佈自己，但不久像火鳳凰重生，找到生命的意義，打拼出成功事業。更難得的事情是，她的星運前途，迄今依然興旺，並且建立美滿家庭。相比娛樂圈中男女離離合合，性格或其他原因導致婚姻破裂，這個亦是她人生中的另一個亮點。

女星的命盤：

食		財	官
戊	丙	辛	癸
子	辰	酉	丑
官	食	財	傷

2030	2020	2010	2000	1990	1980
57	47	37	27	17	7
劫	比	印	梟	官	殺
丁	丙	乙	甲	癸	壬
卯	寅	丑	子	亥	戌
印	梟	傷	官	殺	食

命盤結構

癸丑年，辛酉月，丙辰月，戊子日。月提辛酉，年月丑酉半個金局，月日酉辰六合亦為金局，基本上是土金相合相金，這是正宗傷食通財的命造。

干上丙辛合，戊癸合，人際緣份得道多助。辛酉月丙辰日，是一個孝順女的訊號。癸丑年，丙辰日，戊子時這三柱論及姻緣，一來先難後易，二來要避

食		財	官
戊	丙	辛	癸
子	辰	酉	丑
官	食	財	傷

2030	2020	2010	2000	1990	1980
57	47	37	27	17	7
劫	比	印	梟	官	殺
丁	丙	乙	甲	癸	壬
卯	寅	丑	子	亥	戌
印	梟	傷	官	殺	食

忌正官忌神的阻礙，往後方有坦途，這亦是命運弄人之故。

四柱干支中藏有很多吉局，而且連續數個大運處處與吉局相應，衣食運程一生無憂，往往有柳暗花明又一村之喜兆。

年柱癸丑，日支丙辰，丑辰相刑夾父母官，而且干上癸水忌神露頭，這正官忌神乃家庭之內有暗損，兼不足為外人道事情發生。這個暗損曾經使她在人生路上，要獨自承擔一個很沉重又艱難的局面。也幾乎令她瀕臨崩潰的地步。

運程分析

壬戌大運（一九八〇——一九八九）

這個大運上七殺下食神，結構上壬水剋丙火日元，這樣使得女星自小面對嚴厲的管教也不會説不。戌土食神回應原局的月提被夾剋，事實上女星童年時發生父母離異之事，她和哥哥隨母親生活。

壬戌大運又害及辛酉月提學業，女星在中學時期，前後經歷四間中學，這件事情對學業進度必有不良影響。

一九八九己巳年，女星曾參加電視台舉辦模特兒比賽，可是無功而返。

食		財	官
戊	丙	辛	癸
子	辰	酉	丑
官	食	財	傷

2030	2020	2010	2000	1990	1980
57	47	37	27	17	7
劫	比	印	梟	官	殺
丁	丙	乙	甲	癸	壬
卯	寅	丑	子	亥	戌
印	梟	傷	官	殺	食

癸亥大運（一九九〇——一九九九）

癸亥大運本來是官殺混雜的事情，尤幸食神制化，將凶神減輕，不過凶神的威力始終是傷害女星心靈的惡魔，女星怎樣也不能避此一劫。

女星的母親，很久以前已經嗜賭成性，弄到債台高築，也沒有辦法清還。一九九一辛未年，才十七歲的她會考還未完成，被母親送去參加選美活動，最後以熱門姿態得到三甲名次。一夜之間女星由鄰家女孩晉身娛樂圈當中。辛未年的辛金正財吉星很利害，又未年合大運亥水，她的衣食運程啓動了！

因為天生的美貌，及選美中得到三甲的銜頭，為她惹來只是貪圖美色的追求者，雖然論財富，追求者的確可稱富甲一方。為了解決母親的鉅額債務，她不惜犧牲自己，委身於富貴追求者，過了多年沒有名份、抬不起頭做人，沒有靈魂，沒有自由的日子，在這段黑暗的日子，獨自一人去承受痛苦，有好幾次甚至生起自殺的念頭。癸未年的正官癸水，正好回應她命中的癸年正官，冤家進入了她的命中。未年刑傷她的日柱坐下辰土，她的內心世界被一根刺刺入深深之處，她心靈之內流著的只是淚兒。在這數年艱苦的日子，女星代母償還債務達千萬元之鉅額。多年後再提及及十七歲時參加選美，她說是一件很壞很壞的事。

一九九六丙子年，女星交友宮吉神呼應，流年干上丙去合原局辛金，這是對學習尋師很有得益，透過朋友介紹，她有了信仰，在那地方

時	日	月	年
食		財	官
戊	丙	辛	癸
子	辰	酉	丑
官	食	財	傷

1980	1990	2000	2010	2020	2030
7	17	27	37	47	57
殺	官	梟	印	比	劫
壬	癸	甲	乙	丙	丁
戌	亥	子	丑	寅	卯
食	殺	官	傷	梟	印

她學懂了十誡，學懂了悔罪和謙卑侍奉，她得到救贖，心靈蒙到陽光的照耀。

自從有了信仰洗滌心靈之後，她整個人有如脫胎換骨，星運亦同時好轉。打從一九九七丁丑年開始，公司很多重頭戲，大部份由她擔正做第一女主角，從此坐正當家花旦地位。一九九八戊寅年，她更憑著兩部劇集，得到最佳女主角榮譽。原命局是土金相生，流年戊土食神，呼應本命之戊，故此是年名利雙收。

（備註：女星自從一九九八年第二次獲獎，迄今已獲逾二十個不同獎項，此事亦與原局命盤之優異相關。）

一九九九己卯年，流年天干之己土傷官，牽動本命癸丑年，丙辰日，戊子時這個姻緣局，她碰上一位同是圈中人的男星，恰巧又是同病相憐，為父母還債的孝順兒女，兩人相戀起來。但是流年的卯木正印星，破害她的日柱地支辰土，這段戀情伏下一條尾巴在後面。

甲子大運（二〇〇〇——二〇〇九）

二〇〇〇庚辰年，這流年之辰土跟日柱地支辰土自刑。她的母親又搞出新的債務，追債人的麻煩找到女星頭上。以前為應付母親債務，已經壓迫到不能透氣，如今面對新債又起，女星逼不得已與母親的債務劃清界線。

一波未平一波又起，二〇〇二壬午年，流年犯大運，與一九九九年相戀的男友宣告分手收場。事緣大家的性格，在一些生活小事上積累下來，然後變成了大事，最後磨合不來唯有分開。

二〇〇三癸未，這個流年，跟她本命年癸丑有很大的相同地方，不同之處只是丑未相沖。女星在外地工作時，碰上一個同是圈中人追求，經歷過感情起落的女星，沒有一開始就被愛情沖昏頭腦，更前後拒絕男星的三次表白，只表示大家做普通朋友便算了。

食		財	官
戊	丙	辛	癸
子	辰	酉	丑
官	食	財	傷

2030	2020	2010	2000	1990	1980
57	47	37	27	17	7
劫	比	印	梟	官	殺
丁	丙	乙	甲	癸	壬
卯	寅	丑	子	亥	戌
印	梟	傷	官	殺	食

殊不知道甲子大運運程，內藏最少二段感情，而且真命天子，必定是初相識於微時。初時這位男星論名氣及當時狀況，的確比女星遠遜。

這個宿命數據就是她本命癸丑年的另一伏筆，分毫不差。

及後經過長時間觀察，她發現男星也具有很多優點，印象大為改觀，最終接受追求，大家走在一起。

二〇〇八年一月份，即丁亥流年，癸丑月，紅鸞星動，二人終於步入教堂共諧連理。

現今女星已是兩女之母，相夫教子，星運依然風采不減。

騙財騙色的女子（著於二〇一六年二月）

「劉師父，很久沒有見你了，這一兩天有空飲茶聊一聊好嗎？」

他的名字叫阿倫，真的很久沒有見了，他的工作主要在大陸跑業務，很少返香港老家。而且他的為人有多少「有事鍾無艷，……」之性格，好端端約在下飲茶，必有所圖矣。

茶聚見面甫不久，阿倫就開門見山道：「劉師父，近日我有感情選擇困難。」

問：「你不是已經有一個拍拖很久的女友嗎？為甚麼會搞出另外多一個女朋友出來。」

「舊女朋友脾性很差，遇到任何事情只要稍不滿意，動輒大發脾氣，我們經常大吵小吵，她對父母也是一樣兇悍，我怕將來結婚後跟她相處不來。」阿倫說。

我說：「凡事不能只說人家性格不好，你的脾氣有時也很火爆，作為男人該對另一半多加忍讓和溝通，感情才得以和順，你的命局該很清楚吧（說時阿倫也有點不好意思）。新的女友是怎認識的？她知道你已經有女朋友否？」

「怎樣認識就不好說了。一開始已經知道我有女朋友存在。跟我很合得來，她很渴望有純真的愛情。」阿倫答。

「已知道你有女朋友、純真的愛情」——這兩件事真的很有邏輯問題，聽到這樣的說話真令人摸不著頭腦。看來阿倫有點糊裏糊塗，墮入蜘蛛精的迷魂陣也懵然不知，也令我生起很大的疑心。阿倫八字是戊辰年，壬戌月，庚X日，丙X時。現行乙丑大運，流年乙未。這個資料更加證明我的懷疑擔心是正確。

問：「在二〇一四甲午年，是你命局、大運俱犯桃花，該是這年跟她初相識？而且她很主動親近你，對嗎？」

阿倫答：「她常常主動找我的。」

問：「今年二〇一五乙未流年，你破了兩次大財，一件跟她有關，另一件跟她無關。」

阿倫很不好意思答：「是的，我有生活錢給她，但是現在她已經不需要我幫助。」

問：「即是前前後後最少花掉數十萬元在她身上？」

阿倫苦著臉答：「被你說中，前後差不多已花了五、六十萬元在她身上了，最近我經濟也不太寬鬆，少了給錢了。另外一件破財事，是乙未年尾，在公路上無端端地炒車，幸好無傷及人家自己也無受傷，但是汽車完全報廢，損失了五十萬。」

我說道：「恐怕今次你做了冤大頭也不知道，她這樣主動接近你，感情事有真有假，背後真實目的離不開金錢二字。至於炒車損失就是你的命運業報，無可奈何！」

阿倫面帶點疑惑道：「師父，她不至於那麼壞吧？我有她的八字資

年	月	日	時
印	財		食
己	乙	庚	壬
巳	亥	辰	午
殺	食	梟	官

1996	2006	2016	2026	2036	2046
7	17	27	37	47	57
殺	劫	梟	印	比	劫
丙	丁	戊	己	庚	辛
子	丑	寅	卯	辰	巳
傷	印	才	財	梟	殺

料，命中食神格式，見財來合我，命格算是高尚的人。或者請你批示看看。」

上面是那位女子的命盤。

今次阿倫的事情，用常識去估計，或者以他的八字去分析，很值得懷疑遇上不是郎情妾意，而是外表純情的女騙子。再看到這個女子的八字之後，百分百肯定阿倫一頭栽入溫柔鄉的陷阱！

阿倫說得不錯，女子庚金日元，干上乙木，乙來合日庚金，倒是不錯。但是經驗少的人是很容易被這種八字弄糊塗，又或八字初學者見到此等命造，以為是食神制殺來看待。如果轉個方法，用天干及地支分開來看，便會發現很多事情：

天干

己年，乙月，庚日，壬時。三大用神入命，外表皮膚白淨。食神透出看上去有多少文藝氣質。而且外貌很純良的樣子。

（資料補充，本地曾有位已故江湖猛人，其命造為戊申年，乙卯月，壬寅日，戊申時。他的日柱也是坐下食神，平日外表十分斯文樣子的，騙得到很多人的！）

食神雖然天透地藏，但食神是一個頗為懶情的星曜。

（她是不太願意工作，曾在深圳月入逾萬元，但幹不了多久就怕辛苦不幹了。）

地支

巳年，亥月，辰日，午時。

食		財	印
壬	庚	乙	己
午	辰	亥	巳
官	梟	食	殺

2046	2036	2026	2016	2006	1996
57	47	37	27	17	7
劫	比	印	梟	劫	殺
辛	庚	己	戊	丁	丙
巳	辰	卯	寅	丑	子
殺	梟	財	才	印	傷

(1) 巳火七殺及午火正官，為忌神入命，又犯官殺混雜。於姻緣而言，此女命色慾心很重，處理感情之事毫無應有之底線，極之容易搞上不倫之戀，當人家的小三、情婦、爭男朋友等事情，也無甚麼所謂。更嚴重的事情就是很難按捺寂寞，恐怕越軌乃

家常便飯之事。

(2) 日支偏印辰土乃自坐忌神，犯正梟神奪食毛病，這時候的偏印星喜歡急功近利，內心常有不正確念頭，一步登天可以發財致富的方法必合其心意；偏印逢殺，更是極度古惑之中的表表者。

(3) 偏印為忌神者，又是極度懶散，無心正業之人。（阿倫說，她隨時隨地可以有空的。）

(4) 年支逢殺，酒色財氣，花錢揮霍。（最少可以肯定，很喜歡打麻將，爛賭爛玩。）

(5) 午火正官，她的朋友不太多，但是總有壞透了朋友的在旁教唆。

時	日	月	年
食		財	印
壬	庚	乙	己
午	辰	亥	巳
官	梟	食	殺

1996	2006	2016	2026	2036	2046
7	17	27	37	47	57
殺	劫	梟	印	比	劫
丙	丁	戊	己	庚	辛
子	丑	寅	卯	辰	巳
傷	印	才	財	梟	殺

再用大運分析：

丙子大運（七——十七歲）

上丙子大運，此運命中七殺忌神橫行無忌，此運定主少年無心向學，學業頂多完成初中已經算判得手鬆。

（阿倫：又被師父算中，她只有初中左右程度。）

七殺、傷官兩顆星曜，直逼入命，這個大運很早便涉及男女事情。

（阿倫：又中，她十五、六歲遇上第一個男朋友。）

丁丑大運（十七——二十七歲）

丁丑大運，十七歲時她由老家去到深圳打工。這個大運正官主事有三種情況。

(1) 只有學壞沒有學好，交了不少損友在身邊，酒色財氣壞習慣做了不少。

(2) 她的男人運程極旺，每個時段，隨時最少周旋於兩個男人之間，而且從來不愁寂寞！再用另外角度看，丁丑運程無論遇上任何男人，若非是有婦之夫，就必是人家已有固定女朋友的，這個是宿命之所以然，除非有堅定意志去改變人生，但以她的性格行為，要撥亂反正似乎很不容易。

印	財		食
己	乙	庚	壬
巳	亥	辰	午
殺	食	梟	官

1996	2006	2016	2026	2036	2046
7	17	27	37	47	57
殺	劫	梟	印	比	劫
丙	丁	戊	己	庚	辛
子	丑	寅	卯	辰	巳
傷	印	才	財	梟	殺

(3)

她的生活來源，全憑丁丑，說得坦白乃不務正業，亦即是由二〇〇六年起至今一直依靠男人而生活。究竟正式工作曾有多長日子，天曉得！

二〇一四甲午流年她遇上阿倫的日子，即是又多了一個財神關照。相反以阿倫的立場而言，飛來艷福的背後，算是跟人家做了孖襟兄弟，或者是頭頂上多了綠色小帽子？總之不用陪伴阿倫日子，她亦有其他男人相伴。二〇一五乙未年，阿倫破大財，她就發了財。

俗語有云：哥前哥後三分險！哥前妹後你想點？這個世界是沒有

免費午餐，貪心的人必定要付出代價。聽完整個案例分析，阿倫說了一句：「今次事情，真是上了一課，不過學費太昂貴了！」

最怕入錯行、揀錯郎（著於二〇一六年三月）

丙申年正月十日，仍然在農曆年的休假當中，手機傳來世姪女安妮拜年的信息，因利乘便之下順便發問：

「師父，我過幾個月，就大學畢業。現在讀工商管理。有很多煩惱，請你幫忙，拜託！

「我現在已經非常擔心，因為其他同學好友，大多已找到自己想做甚麼，及有興趣在想去做的行業。

「只有自己還未知畢業之後可以怎樣？

「有時我上網玩算命八字，個個答案都唔同，搞到我唔知點好？

官		官	財
乙	戊	乙	癸
卯	子	卯	酉
官	財	官	傷

2052	2042	2032	2022	2012	2002
60	50	40	30	20	10
傷	食	劫	比	印	梟
辛	庚	己	戊	丁	丙
酉	申	未	午	巳	辰
傷	食	劫	印	梟	比

「請你幫幫我啦!!」

上面是世姪女安妮的命盤。

安妮的命造是正官命局，乙卯月出生，時上乙卯，見官又官，幸無甲木擾亂局面，因此命局中木的五行很多，反而不怕其多。年上癸水地支子水同氣連枝，財星用神得力。

這個命局亦名財官雙美，將來其命運必定引來很多羨慕的目光。

論性格，命局中正官太多，亦有小

官		官	財
乙	戊	乙	癸
卯	子	卯	酉
官	財	官	傷

2052	2042	2032	2022	2012	2002
60	50	40	30	20	10
傷	食	劫	比	印	梟
辛	庚	己	戊	丁	丙
酉	申	未	午	巳	辰
傷	食	劫	印	梟	比

缺點，正官星過重，是太過安份守己的人，亦有點略嫌木獨沉悶。

命中四正帝旺星過多，是不懂得去計劃自己未來！何況正官平時又喜歡隨遇而安。

安妮是標準宅女一名，平時不會安排節目，很少去街，只是在家煲劇，中、港、韓、台的劇集，就是日常最大娛樂。偶爾跟親戚、同輩，社交相聚，她都很內斂很少說話。課餘兼職幫人補習，更被人家騙補習錢，也不懂得去反抗，以上就是她的性格實況！

安妮繼續發來問題：

「想知做甚麼工作好些？現在讀緊會計，已經不想做會計了。又鍾意marketing，又想做行政administration，及管理。師父，究竟我找甚麼類型工作比較好？」

其實從八字命理看工作行業，用性格去衡量亦是一個很好的參考，此命以傷官為忌，憑口才吃飯的行業必定不成。

命局以官星為主，不喜爭鬥，性格太過被動，雖然讀工商管理，可是如入商界發展，必然吃大虧。既然具有工商管理學歷，加上正官星性格的優點，能夠依據本子規矩去辦事，而且絕不逾越；所以很適合考公務員，或者紀律部隊的工作，這些都是很好的考慮。

時	日	月	年
官		官	財
乙	戊	乙	癸
卯	子	卯	酉
官	財	官	傷

2002	2012	2022	2032	2042	2052
10	20	30	40	50	60
梟	印	比	劫	食	傷
丙	丁	戊	己	庚	辛
辰	巳	午	未	申	酉
比	梟	印	劫	食	傷

但是將來踏足社會之後，一定要記著這個世界上，沒有任何工作是容易、舒適的。欲要成功，必下苦功！就算接觸得到行政、管理的工作，一開始就是捱苦頭的漫長日子，辛苦、受氣、啃豬頭骨的工作，不要害怕要勇於面對，吃得苦中苦，方為人上人，具有這些心理準備，成功就是指日可待！

安妮回覆：

「師父，我知道了。另外還有一個非常重要問題。我現有一個男朋友，想請你給一些意見，但是只知道他出生的年月日。」

安妮男朋友的三柱：

年	月	日
梟	梟	
辛	辛	癸
未	卯	巳
殺	食	財

1997	2007	2017	2027	2037	2047
6	16	26	36	46	56
印	殺	官	才	財	食
庚	己	戊	丁	丙	乙
寅	丑	子	亥	戌	酉
傷	殺	比	劫	官	梟

看到安妮現任男朋友這個三柱命盤，年月俱是大忌神入局，已經很令人擔心，再循大運摸索，發覺只得中年時期得一柱運程略佳，其餘完全不堪一讚。由於尚欠一柱時辰資料，若果她男朋友生於一個很好的時辰，亦有機會把全局起死回生之可能。為求妥善，透過手機看過她男朋友照片之後，相格很有市井味道，額運、眉眼運非常一般，中庭介乎下庭之間運程稍為略佳，之後的

梟	梟	
辛	辛	癸
未	卯	巳
殺	食	財

1997	2007	2017	2027	2037	2047
6	16	26	36	46	56
印	殺	官	才	財	食
庚	己	戊	丁	丙	乙
寅	丑	子	亥	戌	酉
傷	殺	比	劫	官	梟

運更加不濟事，就很放心地判斷：

「癸水日男命，年月之辛金乃偏印忌神，亦是梟神奪食的大忌。這是一個非常小人行為的人，而且天性很狡猾，時常有做壞事的劣根性。出身家庭環境不能算是好的。十六歲入己丑大運，第一件事情就是讀書很差。此運七殺忌神當權，就算有書讀也是學非所用浪費時間和金錢；現在他已經二十五歲，他的工作運程不能有甚麼發揮，而且平時更是渾渾噩噩做人，不求上進，這些都是七殺運顯示出來的影響。

「安妮，你並非他的第一任女朋友，二〇〇九己丑年他已經交上其他女孩子，你們最近的相識年份在二〇一四甲午年碰上的，可是當時你的內心並不喜歡這人，只是經不起死纏不放，結果心軟而接受他，對吧！」

安妮發來的回覆：

「他的家庭環境不好的，一直與父母住在公共屋邨！

「他中學讀書成績很差的，中五會考成績也很差，之後報名XXX入讀兩年的玩具設計課程。

（註1：XXX乃三個英文字，某一學院之稱呼也。完成此課程，等同得到中學DSE會考的中英數常四個主修科及一選修課之33222成績分數。）

梟	梟	
辛	辛	癸
未	卯	巳
殺	食	財

1997	2007	2017	2027	2037	2047
6	16	26	36	46	56
印	殺	官	才	財	食
庚	己	戊	丁	丙	乙
寅	丑	子	亥	戌	酉
傷	殺	比	劫	官	梟

（註2：他修讀的乃玩具設計課程，現在香港工業已經式微，除非北上尋求機會發展，否則畢業即是失業。果然真是學非所用。）

「畢業之後沒有再讀書，待業很久，閒來只顧在家打遊戲機，最近做工了，是商店的售貨員，每個月收入比最低工資好不了多少！

「早前有朋友指點，介紹他去投考救護員的職位，收入算不錯，入職要求又不算高，人家連申請書表格也交到他手上，他只是冷淡的說，考慮一下再打算，之後更把申請表格丟下不管了，氣得我七竅生煙！

「至於我們認識確是在二〇一四年，當時見到他真的不是那杯茶，完全沒有想到接受他，但是每天都在大學門外等放學，結果沒有辦法便一起了。」

（註3：甲年乃是戊土日主的七殺，主應桃花入命，即是有人追求她。）

「師父，請問我跟這個男朋友繼續下去，會有好結果嗎？」

* * * * * *

安妮及他男朋友的八字命盤，以格局及未來運程去衡量的話，女命是一個中產階級之人，而男的只是庸庸碌碌之輩，安妮還年輕而且未曾在社會見識過甚麼，現走在一起，暫時兩人之間差異未曾浮現出來。

安妮命盤：

官		官	財
乙	戊	乙	癸
卯	子	卯	酉
官	財	官	傷

2052	2042	2032	2022	2012	2002
60	50	40	30	20	10
傷	食	劫	比	印	梟
辛	庚	己	戊	丁	丙
酉	申	未	午	巳	辰
傷	食	劫	印	梟	比

男朋友命盤：

	梟	梟
癸	辛	辛
巳	卯	未
財	食	殺

2047	2037	2027	2017	2007	1997
56	46	36	26	16	6
食	財	才	官	殺	印
乙	丙	丁	戊	己	庚
酉	戌	亥	子	丑	寅
梟	官	劫	比	殺	傷

安妮三十歲戊午運，可以判衣食安逸，己未、庚申運程，高處未算高只有更上層樓。而男朋友運程，二十六歲戊子運、三十六歲丁亥運，

都是平平無奇。將來二人運程，完全是兩個世界不能融合！

男朋友的性格，年月犯梟神奪食，雙重忌神入福德官，個人心性總有幾分奸惡潛伏，只是未到時候引爆出來。往後就算不造作奸犯科之事情，也會有機會用低三下四的手段來對人處事，試問這樣下來，不論夫妻感情是否和睦，但將來生兒育女以後，這個當父親的人，能否以身作則，教育兒女成為頂天立地、問心無愧的人嗎？

安妮的命局，癸酉年，乙卯月，戊子日；命中注定真命天子該是有才華兼且經濟能力頗佳之人，必定不是出身家貧之人。這個男朋友只是她生命足跡的一片段落而已！

宮位十神看八字

作者

劉坤昱

編輯

梁美媚

美術統籌及設計

Amelia Loh

美術設計

Charlotte Chau

出版者

圓方出版社

香港鰂魚涌英皇道 1065 號東達中心 1305 室

電話：2564 7511

傳真：2565 5539

電郵：info@wanlibk.com

網址：http://www.wanlibk.com

http://www.formspub.com

http://www.facebook.com/formspub

發行者

香港聯合書刊物流有限公司

香港新界大埔汀麗路 36 號

中華商務印刷大廈 3 字樓

電話：2150 2100

傳真：2407 3062

電郵：info@suplogistics.com.hk

承印者

中華商務彩色印刷有限公司

香港新界大埔汀麗路 36 號

出版日期

二〇一六年七月第一次印刷

ISBN 978-962-14-6034-9

瀏覽網站

會員申請

歡迎加入圓方出版社「正玄會」！

您了解何謂「玄學」嗎？您對「山醫卜命相」感興趣嗎？
您相信破除迷信能夠轉化為生活智慧而達至趨吉避凶嗎？
「正玄會」正為讀者提供解答之門：會員除可收到源源不斷的玄學新書資訊，享有購書優惠外，更可參與由著名作者主講的各類玄學研討會及教學課程。
「正玄會」誠意征納「熱愛玄學、重人生智慧」的讀者，只要填妥下列表格，即可成為「正玄會」的會員！

您的寶貴意見…………

您喜歡哪類玄學題材？(可選多於1項)

□風水　□命理　□相學　□醫卜

□星座　□佛學　□其他________

您對哪類玄學題材感興趣，而坊間未有出版品提供，請說明：

____

此書吸引您的原因是：(可選多於1項)

□興趣　□內容豐富　□封面吸引　□工作或生活需要

□作者因素　□價錢相宜　□其他________

您如何獲得此書？

□書展　□報攤/便利店　□書店(請列明：________)

□朋友贈予　□購物贈品　□其他________

您覺得此書的書價：

□偏高　□適中　□因為喜歡，價錢不拘

除玄學書外，您喜歡閱讀哪類書籍？

□食譜　□小說　□家庭教育　□兒童文學　□語言學習　□商業創富

□兒童圖書　□旅遊　□美容/纖體　□現代文學　□消閒

□其他________

成為我們的尊貴會員…………

姓名：________　□男 / □女　□單身 / □已婚

職業：□文職　□主婦　□退休　□學生　□其他________

學歷：□小學　□中學　□大專或以上　□其他________

年齡：□16歲或以下　□17-25歲　□26-40歲　□41-55歲　□56歲或以上

聯絡電話：________　電郵：________

地址：________

請填妥以上資料，剪出或影印此頁黏貼後寄回：香港鰂魚涌英皇道1065號東達中心1305室「圓方出版社」收，或傳真至：(852) 2565 5539 ，即可成為會員！

*所有資料只供本公司參考

請填妥後對摺，黏貼後即可直接郵寄謝謝

請貼郵票

寄

香港鰂魚涌英皇道1065號

東達中心1305室

「圓方出版社」收

圓方出版社

正玄會

• 尊享購物優惠 •

• 玄學研討會及教學課程 •

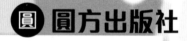